你要在最好的年纪，优秀到无可替代

席之宸　著

天津出版传媒集团
天津人民出版社

图书在版编目（CIP）数据

你要在最好的年纪，优秀到无可替代 / 席之宸著. — 天津 : 天津人民出版社, 2019.2
ISBN 978-7-201-14436-8

Ⅰ. ①你… Ⅱ. ①席… Ⅲ. ①成功心理—通俗读物 Ⅳ. ①B848.4-49

中国版本图书馆CIP数据核字（2019）第021591号

你要在最好的年纪，优秀到无可替代
NI YAO ZAI ZUI HAO DE NIAN JI, YOU XIU DAO WU KE TI DAI

出　　版　天津人民出版社
出 版 人　刘　庆
地　　址　天津市和平区西康路35号康岳大厦
邮政编码　300051
邮购电话　（022）23332469
网　　址　http: //www.tjrmcbs.com
电子信箱　tjrmcbs@126.com
责任编辑　刘子伯
印　　刷　大厂回族自治县德诚印务有限公司
经　　销　新华书店
开　　本　880×1230毫米　1/32
印　　张　7
插　　页　0
字　　数　157千
版次印次　2019年4月第1版　2019年4月第1次印刷
定　　价　38.00元

目录

Part 1　梦想是最好的信仰

今天，你“被平庸”了吗　/　2

允许自己不完美　/　8

一次把事情做到极致　/　15

年轻人到底需不需要鸡汤　/　23

别让亲人为你的梦想买单　/　29

活在朋友圈里的努力　/　34

别人的看法重要吗　/　41

总有一段孤独，你得自己走过　/　48

慢慢来比较快　/　54

你不努力蜕变，没人能替你成长　/　63

每一次努力都是对自己最好的投资　/　67

Part 2　最好的时光里，遇见最好的你

在爱别人之前，你得先学会爱自己　/　74

无接纳，不婚姻　/　81

你以为的老实，不过是他没见过富贵而已 / 89

别用“孝”来绑架我 / 95

别在最应该磨炼的年龄里，忙着恋爱 / 103

好姑娘，你真的得像一无所有一样去努力赚钱 / 111

觉得男神高不可攀，是因为你还不够优秀 / 117

先谋生，再谋爱 / 126

Part 3 我喜欢这个功利的世界

要么服从规则，要么制定规则 / 136

里子和面子 / 145

关系决定你的下限，实力决定你的上限 / 150

倘若生活看不到光 / 159

Part 4 我有钱，也有诗和远方

就算不去旅游，我依然有诗与远方 / 166

别让你的人生为省钱服务 / 174

人生就是不停地选择，然后为自己的选择负责 / 180

在能力范围内尽可能精致地生活 / 189

学会和孤独相处 / 196

你不是没有毅力，你只是没有动力 / 200

不要轻易揣测事情的真相 / 207

附录 人生前 26 年的一些感悟

Part 1

梦想是最好的信仰

今天，你“被平庸”了吗

01

半年前，我去深圳出差的时候，偶遇小我两届的学妹小缘。

对于小缘，我对她的记忆一直停留在四年前。那时候的小缘，清秀可人，天真烂漫，周身洋溢着属于年轻人特有的朝气和灵动，第一眼就给我留下了很深的印象。

当我在深圳的街头，被一个皮肤蜡黄，油光满面，看起来像是三十多岁、自称小缘的大妈叫住的时候，我的第一反应是：老大，诈骗吧?

然而，事实证明，是我想多了。

我请小缘去了星巴克，我们一边聊着，一边在咖啡厅里晃晃悠悠地喝了一个下午，喝得我只觉得咖啡的苦涩慢慢地从嘴边侵蚀到心里。

小缘说，她刚进大学的那会儿，本着想要好好磨炼自己一番，进了校学生会。那时候的她干劲儿满满，每天都过得充实愉快。可是，这样的日子并没有持续很久，很快，她就感觉到舍友有意无意地疏远孤立她，紧接着便是明里暗里的冷嘲热讽。

小缘说，那个时候，身边所有的人都指责说她做错了，都给她洗脑说，大学本就是一个挥霍青春的地方。众口铄金，说的人多了，就连小缘自己也觉得在大学里不合群地独自奋斗、充实提升自己是一件十恶不赦的事情。小缘辞去了学生会职务，回到宿舍，跟着舍友熬夜追剧，翘课挂科，尽情地挥霍着青春。

毕业的时候，小缘想去北京打拼，但是母亲告诉她，一个女人最重要的是稳定、是婚姻；七大姑八大姨告诉她，女人只有趁着年轻赶紧结婚才是正理。于是，在大家一致的劝说下，小缘又放弃了去北京打拼的梦想，按照别人的意愿回到深圳，和一个不相爱的人结婚，浑浑噩噩地过着每一天，周而复始，麻木不仁。

我有些唏嘘，又是一个被别人所谓的“指点”毁掉的孩子。我说：“小缘，你觉得你现在的生活是你想要的吗？”

“我不知道。”小缘摇了摇头，“可是，大家不都是这样生活的吗？”

一句话彻底噎死了我。我看着小缘那双昔日总是流光溢彩的眼睛，如今，早就已经空洞得没有光了。

直到回到酒店，我的心中依旧苦涩，小缘的那一句“大家不都是这样生活的吗”一直回响在我的耳畔。

我懂小缘的意思，在这个世界上，没有什么比得过且过、平庸度日更简单的事情了。很早以前，“二八”定律就告诉我们，平庸是种常态。但是现在，我很想反问一句，在日渐扩大的庸人队伍中，有多少人是自甘平庸的，而又有多少人是像小缘一样“被平庸”的呢？

02

迄今为止，我还是一直认为，人生而上进。毕竟小的时候，每每被问及自己梦想的时候，大多数人说的都是“我要成为科学家”“我要成为伟大的人”，而不是“我就想做个普通人，领着吃不饱饿不死的工资，浑浑噩噩地过完这一生”。

但是，这些梦想最终湮没在时光之中，成为名副其实的“梦想”，除了个人原因之外，我想，环境因素或许更加“功不可没”。

生活中总有这样一类人，他们因为上进，所以被攻击；因为努力，所以被孤立。为了迎合群众，不得不同化自己；为了不被人说三道四，不得不抛弃自己的梦想，将自己的人生活成别人希望的样子，在环境的浸染之下，慢慢地“被平庸”。

这些人很可怜，却不值得同情。

毕竟，这个世上永远不会缺少爱嚼舌根的人，他们喜欢本着一副“过来人”的嘴脸，打着“为你好”的旗号，对你未来的道路指指点点。而最可怕的是，无论你怎么做，他们的话都不会停。你过得好，他们会说；你过得不好，他们也会说；你委屈地控诉着：我都按照你们认为对的路走了，你们怎么还说我？或许他们还会指着你的脑袋对着别人笑道，嘿，看那个毫无主见的傻子。

既然如此，你又何必那样在意别人的看法呢？生而为人，有幸来这世间走这一趟真的很不容易，为什么不把自己仅有的人生活成自己想要的模样？为什么要在别人的言语之间小心翼翼地求生存，委委屈屈地“被平庸”呢？

你这样在意别人的看法，究其根本，是你的内心不够强大，是你人生信仰的缺失；你刻意合群，只是因为怕被众人孤立；你刻意平庸，只是因为你没有一个梦想值得你去义无反顾。

03

半年前，我接到高中同学小萱的电话，电话那头，是小萱朝气蓬勃的声音。

她说：“阿宸，我的酒吧开张了！”

我不禁有些恍惚，依稀记得，上一次小萱和我说她想开家酒吧的梦想，还是在高中时代。那一次，她刚刚雄心壮志地和我们说完这个梦想，就被她妈拿着鸡毛掸子追杀了两条街。

打那之后，小萱便再也没有和我们提起这件事了，我一直以为她已经打消了这个念头。没想到，一别六年，再见面的时候，小萱已经开了一家自己的酒吧。

我到酒吧的时候，正好是大中午，酒吧还没有开始营业。淡淡的阳光透过梧桐叶的缝隙洒在地上，形成一个个光斑；温暖的水晶灯，如一朵朵向日葵般慢慢地在心中绽放；黑格子的桌布，随风飘浮的紫色窗纱，黑白相间的马赛克风格墙壁，没有我想象中的奢靡，一切都显得深沉而高贵。

我在酒吧里转了一圈，最后坐在了吧台旁的高脚椅上。

我半是认真半是玩笑地说道：“小萱，你这酒吧开得不容易吧？”

“是啊，”小萱拐到吧台后，开始帮我调一杯鸡尾酒，“我刚刚来南京的时候，一边租房子，一边找工作负担自己的生活，还得做规划、找店面、租店铺，还要考虑各种关系，那阵子我整个人都要垮了……”

我点点头，作为一个同在追梦途中奔跑的旅者，我很能体会那种旅途中的心酸和夜深人静时的焦虑。

我问：“那你是怎么坚持下来的？”

小萱将鸡尾酒推到我面前，然后认真地想了想，歪着头说：“大概比起生活的艰辛，我更怕的是，好不容易来这世间走一趟，却把唯一一次的生命，按照别人的意愿，活成了别人的人生。”

我抬眼看小萱，却见小萱低垂眼帘，细细长长的睫毛掩盖了眼中的一切情绪。

只听见她说：“小的时候，看着我妈他们，二十多岁的人过着七十岁的日子，千篇一律，麻木不仁，我总在想，当我垂垂老矣，回顾过往，我会怎样评价自己的一生。”小萱苦笑了下：“某某的妻子？某某的妈妈？一个终日在柴米油盐中打滚的黄脸婆，一个将人生活成了男人和小孩的附庸的可怜虫！”

“每次只要一想到这个，我就被吓出一身冷汗，那之后再苦再难，我都不打算放弃了。我总觉得，人生这么短，怎么样，也得为自己活一次。”

我点了点头，表示对小萱的认同。

其实，在生活中，我们总是时不时能听到一些“过来人”在那里侃侃而谈，说什么“女人就是应该在家相夫教子，出来拼什么事业啊？”“你一个名牌大学出来的，怎么能去工地搬砖呢？”“创业有什么好的，还是赶快考个铁饭碗稳定才是真。”

但是，这世上哪有什么应该不应该，不过是不同人有着不同的价值观而已。正是因为每个人的价值观不同，所以每个人的活法也不同。在我看来，只要是为了自己想要的生活奋斗的人，只要是敢于追逐自己梦想的人，只要是为了把自己的人生过成自己想要的模样的人，都是值得尊敬的。

其实，人这一生，说长不长，说短不短，难得来这世间一趟，就要为自己而活，活成自己想要的样子。如果因为害怕别人的议论而不敢过自己想过的生活，如果因为怕被说三道四而强迫自己“被平庸”，那样的人生才是对生命最大的辜负。

愿你的未来不惧流言，坚守本心。愿你在垂垂老矣的时候，回首曾经，能够坦然地说，我的一生，虽然短暂，但是每分每秒，我都活成了自己最想要的模样！

允许自己不完美

01

曾经有一段时间，我关了自己的公众号，停止了各大平台上小说的连载。每天宅在家里，对着打开的 Word 文档，写了删，删了写，昼夜颠倒地反复折腾，就是没法写出令自己满意的文字。

那段时间，我陷入了一种无端的焦虑中，我迷茫，我彷徨，到最后状况升级，我甚至开始怀疑自己，是否真的适合走写作这条道路。

这样的焦虑一直持续了小半个月，终于有一天，连我自己都看不下去了。为了让自己彻底冷静下来，我索性关掉电脑，请了年假，一张动车票，直奔苏州散心。

结果，万万没想到，我人还没到苏州，便已解开心结。

驱散我心头阴霾的，是古典老师收录在《拆掉思维里的墙》里的一篇文章——《坏的开始等于成功的三分之一》。

我至今还记得，那篇文章篇幅不长，讲的是英国前首相丘吉尔学画画的故事。

据说，“二战”结束之后，丘吉尔在政治上受到打击，被请下了首相的位置。那一阵子，他终日抑郁，无事可做，家人看在眼里，急在心里。正好那时候，他们的邻居是爱尔兰著名画家 John Lavery 爵士 ，于是，家人们便鼓励丘吉尔去和女画家学画画。

丘吉尔在政治舞台上敢作敢为，横冲直撞，但是面对干净洁白的画布，他却迟迟不敢下笔。他刚刚经历了一场失败，所以觉得自己无论如何也无法再承受另一场失败。他希望等一个完美的时机再下笔，结果，他死盯着画布，发了十多分钟的呆，却还是没能琢磨出自己的第一笔应该落在何处。

好在 John Lavery 爵士是个有智慧的人，她站在旁边看了很久，然后一言不发地拿起丘吉尔的颜料盘，直接向着干净的画布就是一甩。各色的颜料，一股脑儿地被泼到了画布之上，顷刻间，雪白的画布变得乱七八糟，就像一幅最恶劣的油画般一片狼藉。

然而，这个举动却让丘吉尔彻底放松了下来。

不就是一块画布吗？画得不好又如何？惨不忍睹又如何？反正都这样了，还能更坏吗？

这就是丘吉尔绘画生涯的开始，虽然惨不忍睹，但是，却因为这般不完美，才彻底打开了束缚在丘吉尔身上的枷锁，让他在余后的十年里，肆意发挥，无拘无束，最终创作了很多风格迥异、思维大胆的油画。

在故事的最后，古典老师写了这样的话：“如果说一个好的开始等于成功的一半，那么坏的开始至少等于成功的三分之一。”“如果你没有一个好的开始，那么不妨试试一个坏的开始吧。因为一个坏的开始，总比没有开始强。而完美的开始，则永远都不会来到。”

02

那天，看完这篇文章之后，我便瞬间明白了自己的症结所在。其实，我之所以焦虑，之所以一直写不出令自己满意的文字，并不是因为我真的不适合写作，也不是因为什么扯淡的江郎才尽。归根究底，我和当年初学画画的丘吉尔犯了一样的错误——太想要一个完美的开始，以至于一直无法开始。

在我的潜意识里，总觉得完美的文章应该是由完美的开头、完美的过程再加上一个完美的结局构成，而要想得到一个完美的结局，必须要有一个完美的开始。所以，在一开始码字的时候，我便对自己诸多挑剔。不论是谋篇布局还是遣词造句，总希望自己在敲下第一个字的时候，它便已经处在一种完美的状态，这样的状态最好能够一直保持下去，直到我敲上最后一个完美的句点，最终构成一篇无可挑剔的文章。

这样的心理一直盘踞在我的心头，直接的后果是在一开始便对自己过于严苛。我用一套完美的标准来衡量自己，所以，才总觉得自己写出来的文字不能令自己满意，怎么看怎么不顺眼。

因为我太想要一个完美的开始了，所以，我能写的范围越来越窄。完美的开始就像一把枷锁，让我无从下笔，到最后，甚至不知道该如何起笔了。

但是，冷静之后想一想，这世上又有什么在一开始就是完美的呢？

新东方成立的时候，只是一个几十人的辅导班；阿里巴巴创业初期只有 18 人，马云一度被人认为是传销；可口可乐第一年只卖了 25 瓶……

不论他们最后达到了怎样的高度，他们之中，没有谁的开始是完美的。

所以，从苏州回来之后，我便告诉自己，你得允许自己不完美，接受自己不完美。很多时候，与其说完美的结局由完美的开始来成就的，不如说，完美的结局其实是由许多个不完美的开端，在不断修正中发展而成的。

写作是种将价值观与美感融为一体的艺术，你得先把自己想要表达的东西用文字写出来，才知道接下来自己该怎么进行修改。想想那些最终呈现在读者面前的、极具文学价值的经典著作，有多少没有在出版之前，被反反复复修改千八百遍?

所以说，你最需要的并不是一个完美的开始，而是无所顾忌去尝试的勇气。更何况，这世上其实并不存在着绝对完美的结果，每个人成长过程中的不断探索，其实都是一个趋向心目中完美结果的过程。

03

我的第一篇长篇小说，诞生在大三下学期。

那时候的我，完全就是一个典型的中二病晚期患者。因为寒假无聊，接连在家看了几部热血小说后，便止不住心潮澎湃。热血沸腾地燃烧了小半个月，终于在开学前夕，熬了几个通宵，顶着一双充血的眼睛，脑袋发热似的，在 Word 上面洋洋洒洒地写完了万字大纲。

那篇长篇小说，我最后一共写了二十万字。从最开始的热血沸腾，到中途的磕磕绊绊，再到最后的华丽结尾，一共花了整整一年的时间，才勉勉强强把它完结了。

我至今还记得，敲下“End”的那一瞬间，虽然已是深夜，但我却总觉得，自己的整个天空都亮起来了。

后来，有事没事，我都会把那部小说翻出来看看。那时候的我总觉得，虽然整部小说写得断断续续，增删不断，还差点半路弃坑，但是整体看来还是很不错的，尤其是其中的几个片段，真是怎么看怎么满意。

再后来，因为工作的原因，很长的一段时间里，我都没有再进行过长篇小说创作。接连几年，我的产出一直停留在短篇杂志文和励志鸡汤文这两个类型上。所以，某天我看到一篇长篇完结作品约稿函的时候，第一反应竟然是把我大学时期的旧文投出去。

为此，我特意把那篇压箱底的旧文从电脑里翻了出来。本来是想着，花两天时间把文章小修一番，就可以拿去投稿。毕竟，对于这篇处女作，我的心里还是很满意的。

可是，理想是丰满的，现实是骨感的，就连我自己也没想到，那篇小说到最后，改了整整七天。整整一周，除却吃饭上厕所，我几乎一直坐在电脑面前，每天从早上八点一直改到晚上十点，直改得自己头昏眼花，眼冒金星。把稿子丢出去的那天晚上，我万念俱灰地躺在床上，脑子反反复复只有一个几近崩溃的念头：如此从里到外从上到下都洋溢着一股浓浓的中二气息的文章，真是我曾经的得意之作？

也是在那时候我突然明白了，原来这世上可能不存在完美的事物，因为在不同的时期，人对完美的定义是不一样的。

随着生活阅历和社会经验的不断丰富，当我们回头再看那些自认为很完美的东西，可能会察觉出一些缺陷。

能发现自己曾经的不完美，这本身是件好事，说明你在成长，你的视野在不断扩大，你已经站在了比从前更高的位置上。但是，这也从侧面说明了，这世上并没有完美的事情。曾经自认为完美的事物，也不过是基于那时候的年纪和阅历，是一种相对的完美。而每个人成长过程中的不断探索，都是在渐渐走向一个更为完善的过程。

04

我曾经在知乎上看到有人在问，年轻人最应该注意的事情是什么？

其中，点赞率最高的答案是：由于害怕而什么都没有做。

那我们究竟会害怕什么呢？

无非是害怕失败，害怕结局没有我们想象中的那样完美。

可是，你有没有想过，这世上或许根本不存在所谓的完美。人在不断成长，随着社会的发展、年龄和阅历的丰富，就算曾经觉得很完美的事物，经年累月之后，回过头来再看，觉得不过尔尔。

所以，与其说完美的结局由完美的开始成就，不如说，一个相对完美的结局，其实是由许多不完美的开端在不断修正中发展而成的。若是一开始就追求极致的完美，那么最后必然会被所谓的完美所桎梏。

比起一个完美的开始，我们更需要的是尝试的勇气。你总得走出第一步，才能知道自己憧憬的完美究竟是什么，才能努力一步步地更上一层楼，不断地接近自己心中的完美。

一次性把事情做到极致

01

大三的时候，卸去了学生会职务的我，一下子空闲了下来，在舍友的建议下，我跟风报了个驾校学车。

我还记得去驾校报名的时候，我问教练，正常来说要多久能拿到证？

教练想了想说，正常来讲一个月。

也是因为这句话，我潜意识里认为，所谓驾考，应该也不是什么很难的考试，然而，现实立马便甩了我一个耳光，在科目二上，我竟然很不华丽地挂了四次。

那时候，我们有规定，每个科目最多只能考五次，第五次再不过，所有成绩作废，回到科目一从头再来。因此，科目二挂了四次之后，我彻底慌了。

那时候带我的教练姓杨，我们都叫他老杨。老杨虽然脾气暴躁，一言不合就破口大骂，但却是个特别负责任、眼光特别毒的主儿。

那天，再一次挂了之后的我，一出考场便毫无悬念地被老杨劈头盖脸地一顿臭骂。

我低着头，耐心地听着他一路从车管所门口骂回了候考室，老杨才稍微有些消气。我见状忙递给他一瓶水，他喝了一口，态度才缓和了下来。

他很嫌弃地看了我一眼问道："你有没有反省一下，为什么自己考了这么多次还没过？"

我默默地抬头，一脸"求指点"的认真表情。

老杨恨铁不成钢地叹了口气道："其实每次送你们来车管所考试，你们在考，我们也会在旁边看。你也别怪我骂你，如果你去看了自己的这三次考试，你也会发火。第一次是半坡熄火，第二次是倒车入库压线，这一次连直角都能给我挂。你说你又不是不会开，但是每次偏偏都给我差那么一点，看得直接想让人把你揍一顿。"

"老杨我当教练也不是一天两天了，看人还是有点水准的。你不是说不会开，如果你真不会，我也不会同意你去考试。我也知道你每次挂了之后都挺难过的，所以，在之后的练习里都会特别注意上次犯错的项目，以保证不会在同一个地方跌倒。可是，问题是你在加强那些项目的时候，能不能把其他项目也练一练，咱们都是应试教育，都是临时抱佛脚，趁着熟能生巧直接给过了，你也不是不懂这道理的人，你说你为什么每次就非得偷这一点懒，不肯把所有项目都练清楚，再去考试呢？"

"我知道夏天练车很苦，也知道你们私下调侃说什么'跑完一趟，汗如雨下；跑完两趟，面如土色；三趟跑完，就地飞升’。”老杨说，“可是，你有没有想过，如果你一开始就不遗余力地把所有项目练清楚了再去考试，按照我的预测，你四月份就能拿证了，现在你早就窝在家里吹空调了，哪里需要到这里受苦受累呢？”

我闻言一愣，就听老杨语重心长地对我说：“你给我记住了，只要你不过，你就还得回到这里吃苦。该吃的苦，或早或晚都要吃。你现在为了偷一点小懒，不肯一次性把所有的苦都吃了，最后你就差那么一点还要从头来过，到时候你不仅没有偷懒成功，反而要加倍地吃苦，还要赔上几倍的时间、精力作利息。你说亏不亏？还不如一开始就不要偷懒，一次性把苦都吃了，省得再回来从头来一次，你说是不是？”

老杨的话醍醐灌顶，彻底唤醒了我。我突然明白了一个道理，这世上没有免费的午餐，无论你想要做成什么事情，你总是要付出一定的努力，吃一定的苦。与其偷一点懒，让事情功败垂成，倒不如一开始便把所有的苦都吃了，一次性把事情做到极致，让付出的时间、精力变得有价值。

那天之后，在练车的时候，我再也不敢偷懒了，哪怕临考之前三天，外界气温达到了四十多度，我还是坐在车里，将每个项目做了一遍又一遍，终于在第五次补考的时候，一次性通过。

02

驾考事件已经过去了许久，可是自那之后，无论是考试还是工作，每当我想偷懒的时候，总会不自觉地想起当年的驾考，还有老杨的话。

其实，我们每个人都有自己的梦想。如果说梦想和现实之间隔着一条沟壑，那么努力便是架在二者之间的一道桥梁，奋斗过程中付出的那些时间精力、辛酸苦楚以及寂寞孤独便是砌筑桥梁的原材料。不论你是偷工减料还是半途而废，结局都是功败垂成，除非你最终放弃，否则，该吃的苦你都躲不掉，还要搭上几倍的时间精力作利息。

或许有人说，不过就是时间精力嘛，我还年轻，我耗得起。

可是，你有没有想过，很多时候，人与人之间的差距，就在于这一点时间精力的叠加。

03

几天前的深夜，阿苑给我打了个电话。尽管已是深夜，电话那头却依旧有些嘈杂，我随口调侃道："这大晚上的，你一个大姑娘家又去哪里浪啦？"

阿苑哈哈一笑，肆意而又张扬，她对着电话大喊道："之宸，我的第一部电影杀青了！现在，我终于可以和别人说我是个编剧了。"

阿苑的话到最后带上了些许哽咽，听得我百感交集。挂了电话后，我睡意全消。我走到窗边，拉开窗帘，夜风习习中，我心里只剩下一个念头，这姑娘努力了整整七年，终于做到了。

阿苑是我在大学时认识的朋友，这姑娘博学而浪漫，热情而有想法，是个典型的文艺青年。我还记得那时候，阿苑在学业之余，唯一的爱好便是流连于各大网站看小说，后来，许是看得多了，有了自己的想法，在大三那年，开始了自己的小说创作。

很多写手的第一部小说都写得很平常，究其原因，无非两点：一来初次试水缺少经验，二来未经练习，文笔、思想、结构也确实不成熟。阿苑的第一部小说便是如此，当年我看完之后，只觉得文笔幼稚、结构涣散，但是字里行间那光怪陆离的脑洞以及一些对人性的思考，却让我觉得，假以时日，这姑娘定成大器。

只是时不我待，阿苑刚刚完结了第一部小说，找到了追逐的方向，却迎来了毕业狂潮。猝不及防地被推入社会熔炉的阿苑，开启了为每日的柴米油盐奔波的日子。

那一阵子，阿苑特别纠结，在梦想与现实之间彷徨。她说，她理想中的生活，是在自己构筑的王国里自由驰骋，而不是天天面对枯燥冰凉的钢筋混凝土，和各个施工队的工头为了一点点的工程量扯皮。

可是，理想很丰满，现实很骨感，在这个作者比读者还多的年代，没有一定的名气，想要仅仅靠写作养活自己，简直是天方夜谭。

在生存面前，所有的一切都得让步。虽然很痛苦，但是反复思量，阿苑还是考入了曾经自己最为不屑的体制，干起了自己深恶痛绝的造价。

我以为阿苑会就此将梦想束之高阁了，却没想到，阿苑只是换了条路，曲线求国。

阿苑说，那时候的她已经二十多岁了，于情于理，都不应该待在家里啃老。她需要一个谋生的手段，却也不想就此放弃梦想。而二者综合，入体制无疑是最好的选择。朝九晚五的生活规律稳定，能够在养活自己的同时，有时间、有精力继续自己的小说创作，而考取相关专业的证书，则是为了不辜负自己的专业。毕竟写作这条路前途未卜，倘若此路不通，届时，她也需要为自己的将来留条退路。

她是这样说的，也是这样做的。整整六年，她没有过一天清闲的日子。拒绝了相亲，将所有的空闲时间都用在提升自己上面，六年的时间，她在写了七本书的同时，还以一年一个证的速度依次拿下了造价员、二级建造师、造价工程师、一级建造师等含金量极高的专业证书，把一起毕业的小伙伴们甩了好几条街。

第七年，她的小说火了，她的剧本卖出去了，那个所谓成熟的时机终于到了，于是，阿苑没有丝毫犹豫地辞了职，成功转型成为一个编剧。

后来一次吃饭的时候，提起这件事，我莫名有些感叹，我问阿苑说："整整六年，在前途未卜的情况下，你究竟是靠着怎样强大的意念坚持下来的？"

阿苑垂下眼帘，想了好久，才说道："大概是对如今生活的不甘、对梦想中的生活的憧憬，还有就是觉得自己真的已经不再年轻，再也没有偷懒和从头来过的资本了吧。"

阿苑说："其实这些年，我遇到过很多写手，他们很多在十几岁的时候已经开始创作，而我却是在二十多岁的时候才开始了追逐。在起点上，我已经比别人晚了那么多了，而我想要的却一点也不比别人少。这让我在相当长的一段时间里，很有危机感。"

“直到有一天，我想通了，过去的时间不可追溯，我能把握的只有未来的时间。所以，在毕业那年做好规划之后，我便和自己说，从今以后，不论做什么事情，要么一开始就放弃，若是决定去做，那便要不留余力地去努力，一次性将所有的事情做到极致。与其为了偷一点点懒，从头来过，不如留出更多的时间精力，向着更远的地方走去。”

“那之后，不论是写稿还是考证，每一次我都会不遗余力地努力，一次性把所有的苦都吃了，争取将所有的事情一次性做到最好。再后来，我发现这个想法真的很有用。每每同龄人因为偷懒而功败垂成，不得不原地踏步重新来过的时候，而我已经踏上了新的征程；在他们为自己的偷懒付出几倍的时间精力做代价的时候，我却又向前迈了一大步。如此反复几次，不知不觉中，我就比他们走得更远了。”

04

我们都知道，这世上最公平的，便是时间。无论是穷人还是富人，一天都只有二十四小时，一生也只有一次青春。

我们无法让时间为我们停止，也无法让时间过得慢一些，我们能做的，便只能尽可能地去追赶时间。要么在相同的时间里做更多的事情，提高效率；要么一次性把事情做到极致，避免耗费更多的时间精力从头来过。

一次性把事情做到极致，说到底，其实是对时间的珍惜，也是对生命的尊重。

所以，若你真的想要做成一件事，那么请你在最初的时候，便下定决心，不遗余力地将事情做到极致，不要为了偷一点点懒，功败垂成，从头来过。

年轻人到底需不需要鸡汤

01

几天前的深夜，我的后台收到一条来自读者的留言。她问我，之宸，你觉得年轻人到底需不需要鸡汤？

说实话，看到这个问题的刹那，我想到了很多事情。

我读的第一本励志书籍，是尚龙老师的《你只是看起来很努力》。那时候的我，刚刚大学毕业，正是处于一种对社会规则和人情世故有一定的了解，但这种了解之中充斥着更多的迷茫和混沌的状态。

那时候的我，为了能够在养活自己的同时，继续自己的文学梦，我选择考入了体制。可是，没过多久，我便被体制内冷漠的人情关系、一成不变的生活方式、稿件频频被退等一系列接踵而至的挫折打击得溃不成军。失望之余，我开始迷茫，开始怀疑自己当初的选择是否正确，一直以来的坚持是否真的有意义。

我就是在这种迷茫而混沌的状态下，翻开了尚龙老师的《你只是看起来很努力》。我还记得，当时花了整整三天才看完了这本书，读完之后，只觉得此书的一些观点真实而深刻，读罢令人豁然开朗，颇有相见恨晚之感。

龙哥用他的文字告诉我，这个世界永远是实力为尊，优秀不够，你一定要做到无可替代；他告诉我，努力不是摆给别人看的空架子，只有对抗了诱惑，一心一意的努力才是有效的努力；他告诉我，你觉得变强很累，可是不强更累，这世上也不仅仅是你一个人在受苦；他说，朝九晚五和浪迹天涯其实并不矛盾，你总得度过生存期，才能谈梦想和诗与远方；他还说，女孩子必须习惯在孤独的夜晚，独立坚强地做自己喜欢的事情，习惯寂寞的时光，培养出自己独立的人格。

可以说，龙哥用他的文字，解说了当时我所存在的烦恼，用一个个完整的故事，为生活中一些常见的迷茫给出了一个个不流俗的观点和不算模糊的答案。这些文字后来在相当长的时间里深深地影响了我，让我重新拾起勇气，熬过最初的那段艰难时光，让我没有在体制的温水中慢慢被煮烂，让我哪怕孤身一人，依然能够怀抱着信仰，去追寻自己的梦想。

02

直到现在，我依旧认为，年轻人是有必要读点鸡汤的。正如白岩松所说，年轻人需要鸡汤，因为成长需要营养。

文字在很多时候，真的具有很强大的穿透人心的力量。它承载着一些思想，传播一定的正能量，传递着一种价值观，影响人于无形。或许对于写作者来说，那些文字只是生活的记录，点滴的感悟，但是，一旦经过网络的扩大，你的这些经历和感悟，甚至于你的那些已经成型的价值观，对于没有经历过这些的人，或者正在迷茫着的人，也许正是最好的指引和帮助。

或许能够让涉世未深的年轻人提前认识这个世界，或许能让徘徊在十字路口的年轻人能够少走弯路，或许能让摇摆不定的年轻人坚定自己的梦想，又或许能成为照亮绝境中人们的一盏明灯，让他们在最绝望的时候，依然能够怀揣着信念撑下去。

而这，或许便是鸡汤存在的意义。

03

去年六月，我们部门新来了一个实习妹子。

妹子刚刚走出大学校门，和我当年一样，正是最懵懂无知的时候。她的单纯和天真，让我总是不自觉地想起曾经的自己，因此，自然而然地，我也不排斥她的亲近。

后来，有一天，妹子和我说，她最近关注了很多公众号，看到了很多文章。这些文章中不乏各种对人生、对梦想、对未来、对婚姻的解读，她看完觉得对这个世界有了新的认识。

我听后笑笑，心中只觉得莫名地有些欣慰。

再后来，有一次午休时间，我和妹子闲来无事，散步消食的时候，随口问妹子，看了那么多的鸡汤，现在有什么想法没有?

然后，妹子用一种异常嫌弃的语气，直截了当地回了我四个字:“简直有毒！”

我一愣，一时间没反应过来，“啊？为什么这么说？”

结果，妹子撇撇嘴，像是为了向我证明什么似的，自顾自地打开了手机。

我就着妹子的手扫了一眼，只见她点开微信里的收藏，瞬间便弹出了一系列鸡汤。诸如《好姑娘是一定要嫁给爱情的》《你嫁给什么不好，偏要嫁给爱情》《好姑娘要先谋生再谋爱》《对不起，你想谋生的时候我想谋爱》《别在放肆去玩的年纪谈克制自己》《姑娘，你就是活得太谨慎了》《千万不要和同事做朋友》《既是同事也是朋友》之类的标题五花八门，争先恐后地跳入我的眼中，瞬间，我只觉得头顶天雷滚滚，仿佛下一秒，就要落下把我劈成两半。

妹子无奈地冲我摊摊手道："你看，不用看内容，光是看这标题，很多观点根本就是自相矛盾的，最关键的是，公说公有理婆说婆有理。本来一开始觉得鸡汤还挺有用的，可是，现在倒好，越看反而觉得越迷茫，你说，我到底应该听谁的？"

04

妹子的话让我好一阵沉默，那天的最后，我花了整整一下午，把那些有着亮瞎眼标题的鸡汤全看了一遍。看完之后，觉得心情有些复杂。

这些年，随着鸡汤热度的不断攀升，市场不断扩大，写鸡汤的人也越来越多，观点五花八门，套路越来越深。

撇开其他问题不说，其实，对于同样一个问题，不同的人有不同的看法，这本是一件很正常的事情。你不能说谁的看法一定是对的，也不能说谁的看法一定是错的，因为每个作者都是站在自己的角度去看这个世界，基于个人的智商、情商，基于对这个世界的基本认知以及过往的经验来探讨问题。

每个人受教育程度不同，所处社会背景不同，人生价值取向不同，对外界事物的感知能力不同，这些导致他们对同一事物的看法大相径庭。但是，每个人都习惯站在自己的角度去认识这个世界，他所看到的是世界的一个角。虽说，你永远不可能用这一处风景，去代表世界的全貌，但是也不能否认，这处风景确实也是世界的一部分。

所以，作为读者，在读鸡汤的同时，你得明白这点。所谓鸡汤，写的仅仅是别人的生活。它是写作者迄今为止，个人思想以及价值观的体现，代表的仅仅是一个人在如今这个年龄段对这个世界的看法。这种看法是基于个人的智商、情商，基于对这个世界的基本认知以及过往的经验而得出的，但是，人终究会成长，经验可能会犯错，认知也可能会有缺陷，所以，鸡汤中的观点也难免有所偏颇。

所以，好的鸡汤有喝的必要，但是千万不要奉其为神的旨意。这世上没有绝对正确的事情，他们的经验是来源于他们的生活，而他们的生活和你的生活完全是两码事。那些鸡汤可以给你提供一些经验，可以让你对这个世界提前有一定认知，但是，你自己的问题，一定要结合自己的情况去思考和理解，你自己的生活，还是得靠着自己去经历。

05

所以说，年轻人到底需不需要鸡汤呢？

我觉得是需要的。

它让你能够提前对这个世界有一定的认知，能够在绝境里给予你一定的希望，能够在你迷茫的时候，带给你一个观点或一个不算模糊的答案，让你即使身处绝境，也能怀揣着信念撑下去。

它给人一定的指引，仅仅是指引。毕竟，所谓的鸡汤终究是人写出来的，人的观点不可能毫无偏颇。所以，事实是怎样，最终得靠着我们自己去思考，生活究竟如何，还是得靠自己去经历，去感受。

别让亲人为你的梦想买单

01

几天前，我作为甲方代表，和工头去施工现场核对工程量的时候，在工地上看到一个老人。

老人姓郑，年过耳顺，满头银发，面带沧桑。工头说，老郑来自四川，年轻的时候便随着大流进城打工，如今已经在工地上辗转了大半辈子。也是因为这样，老郑什么活都干过，什么工艺都懂，可以说是一位经验丰富的老师傅了。

工头这么说的时候，我看到老人正在烈日下熟练地绑扎着一段钢筋。我随着工头走到老人面前，他看到我们，便停了动作站起身来。也是在这时候，我才注意到，他的眼中布满了血丝，整个人看起来特别疲惫。尽管如此，在见到我们的时候，他还是使劲儿咧开嘴冲我们笑了笑，这一笑，便又将一张老迈垂暮的脸笑出了千横万纵的沟壑来。

后来我从工头嘴里知道，那位老人是他们这出了名的拼命三郎，只要有活，不论多辛苦他都愿意干。工头说，他印象最深的一次当属去年七月的那场台风。那场台风让很多地方的水管都爆了，他们整个队伍都出动了，可还是抢修不过来。工头焦头烂额地到处招工人，很多年轻的打工仔都不愿意接这么个又累又辛苦的活，最后，还是这个老人主动找上门来，扛着大风大雨，整个人泡在水里，不眠不休地工作了三十六个小时才把所有的水管都换好。

“那次事件，我至今难忘。你看，我这么一个大小伙子，只是在旁边给老郑递递工具，那大风大雨的，我都觉得自己去了半条命了，更何况，老郑都六十多了。”工头一边开车一边摇头叹息道：“我本来想那次之后，让老郑好好歇几天，结果没想到，老郑就歇了一晚，第二天又来上工了，赶都赶不走。我当时就问他了，干啥这么拼呢？结果你猜老郑怎么说，他说，他舍不得那一天四百块的工钱。”

我听了一阵皱眉，我问工头，那个老人很缺钱吗？他家的孩子都干什么去了？

谁知我话一出口，那个工头便冲着我摆了摆手，说道：“别提他家那糟心的孩子了。之宸，我和你说，老郑会混成现在这样，全是那个不争气的小兔崽子给惹的。”

我闻言愕然，也是在这时候，我才知道了事情的原委。

老人年轻时候便进城务工，省吃俭用，存了好多年的钱，才在中年娶了一房媳妇。婚后，家中婆娘给他生了个大胖小子。老人和妻子一路省吃俭用，终于把儿子送进了大学，供到了毕业，本以为可以享几年清福了，却没想到，这个儿子却不是个省油的灯。

老人的儿子很有理想，看不上一般朝九晚五的工作，天天嚷着要出去自主创业。说实话，有梦想本是一件好事，奈何小伙子想法虽多，能力却没多少。今天开快餐店，快餐店倒了；明天开网店，网店倒了；后天做地产中介，结果又亏得连裤衩都没了。短短几年，不仅把老人几十年的积蓄败了个精光，还欠了一屁股债。老郑这把年纪还要出来卖命赚钱，就是为了给这小兔崽子收拾烂摊子。

我听了一阵心酸，我问工头："那老人出来赚钱，那他儿子呢？"

话一出口，工头当即就摇头了。他一脸鄙夷地和我说："哦，你说那个小兔崽子啊。那货始终觉得自己是个人物，看不上他爹这种出卖劳动力的低贱工作。他觉得自己的时间精力要花在为梦想奋斗的道路上，所以至今还窝在家里，一边啃老，一边做梦。"

02

说实话，在听完整件事情之后，我只觉得心底一阵又一阵莫名的心酸。

其实，这个世上，我们每一个人都有想要追逐的梦想。有梦想没有错，努力追求自己的梦想也没有错，但是，这一切的前提，应该是建立在你有能够为自己行为负责的能力的基础上。你不可以一边让父母替你苟且，一边自私地去做自己喜欢的事情，梦想破碎了就任性地一撂挑子，让父母去替你承担失败的后果，让他们去为你所谓的梦想买单。

毕竟，大家都已经是成年人了，既然成年了，你就该知道，你的父母自从你具有民事行为能力起，就再也没有责任、没有义务去为你承担责任了。这个世上，没有一个人的追梦之旅是一帆风顺的，作为一个成年人，首先要学会的就是自己为自己负责。

03

其实，我们每个人，从来到这个世界上的那一刻起，就已经肩负着各种各样的责任，只是在你未成年，也就是在你具有完全民事行为能力之前，你的这份责任是由你的父母替你来承担，但是，当你成年之后，父母便没有责任也没有义务再为你去承担这些责任了。

所以，作为成年人，我们要学会的第一件事情，便是自己为自己的行为负责。

曾经，在大四毕业季的时候，老师就经常和我们说，大学生一定要先就业再择业。后来，当我真正步入社会之后，我才发现这句话是真的有道理的。

因为，没有谁的追梦之旅是一帆风顺的，很多时候，想要义无反顾地去做自己喜欢的事情，其实是需要一定条件的。当你一无所有没有谋生的能力，也没法赚一些够自己生存的钱的时候，你最需要做的，不是破釜沉舟地去追求自己心中所想，而是先静下心来，去做自己最擅长的、能赚到钱的、能积累到人脉的工作。其实，每个人都是这样，在实现自己的梦想之前，需要做很多自己不喜欢的事情，那些站着生活的人，谁知道他们曾经跪下去了多少次。你要知道，迂回的成功不算可耻，你总该先度过生存期，才有资格谈梦想，你总该有能为自己的选择负责的资本，才能去做自己喜欢的事情。因为物质基础是精神建筑的基石，没有物质基础的精神建筑，就是空中楼阁，而没有生存基础的你，从本质上来说，根本承担不了梦想破碎的后果，也就没资格谈对自己的行为负责。

每个人都有梦想，每个人也都应该勇敢地去追求自己的梦想，但是，这一切前提是，你得先有为自己行为负责的能力和资本。你得学会自己为自己的行为和选择负责，不要到最后，让你的亲人为你的梦想买单。

活在朋友圈里的努力

01

几天前，我和朋友小远一起喝酒，酒至半酣，小远突然和我说："之宸，你说说小雪这个人是不是有点不厚道？"

"啊？"

下一刻，小远就借着酒劲儿，开始向我细数小雪的几大罪状。

小远说，小雪这个人，天天喊着"人生的终极梦想，就是要混吃等死，彻底躺平"，每天的朋友圈里，也尽是她的各种爬墙史（按：喜欢 A 明星转而喜欢 B 明星，即称"爬墙"，有"墙头草，两边倒"的一层含义在其中），整一个不学无术、不求上进的形象。可是，偏偏是这样一个人，却默默地考了证，出了书，成了传说中的斜杠青年。现在，这货既有诗与远方，也有一技之长，生活得那般惬意，真正活成了大家都想要的样子。

最后，小远和我说："之宸，你说，小雪这个人是不是有点虚伪？"

我闻言不禁笑了。于是，我反问小远说："那你要怎么样才算不虚伪呢？是要每天深夜四点起床，在朋友圈里打卡签到，然后再成功？

还是要天天在朋友圈里发励志语录，以证明自己的勤奋上进，然后才能成功？”

我拍拍这货的肩膀，说：“小远，你要知道，努力这种东西，在于实质不在于形式。有些人每天夜里四点起床，在朋友圈里签到打卡，但是他也可能就是签个到，然后继续睡回笼觉了；有些人天天在朋友圈发励志语录，也可能他们就只是发一发，然后和书合个影，你要问他那本书里究竟写了什么，他还真的可能什么都说不出来。他们的那种努力，叫作活在朋友圈里的努力。”

“所以说，天天把励志挂在嘴边的人，也不见得就真有效地努力了，但是，从来不说努力的人，也不见得就真的躺平了。这世上并不是每个人都热衷于向世界标榜自己如何勤奋、如何励志的，就拿小雪来说吧，其实，就我对小雪的了解，小雪并不是一个虚伪的人，恰恰相反，她是一个能够分得清玩耍和努力、极其理智又很真性情的普通人而已。‘混吃等死，彻底躺平’的确是她人生的终极梦想，但是她同时也知道，如今的她，并没有混吃等死彻底躺平的条件，所以想要躺平之前，她得先努力积累资本，创造一个能够让自己躺平的条件。”

“她朋友多，玩得疯是真的，她沉迷爱豆、热衷卖安利也是真的，但是，这些只是她用来排解压力、消遣情绪的方式而已。要说这世上，谁还能没点小爱好呢？你不能因为只看到这些，就一叶障目地以为这就是小雪的全部，在她取得一些成绩的时候，在背后骂她虚伪。不知道你有没有注意到一点，小雪发那些安利爱豆的朋友圈的时间，一般都是在深夜或者是凌晨时分。其实，那时候，正是小雪结束了一天的奋斗，回到家里放松自己的时候。而那点小爱好，只不过是她在努力之后给自己的奖赏。她和我一起泡图书馆的时候，她一个人努力奋斗的时候，可是从来没有过丝毫含糊的。”

02

说实话，这些年，我也见过不少像小雪这样的人。他们平日里看起来总是一副无所事事、不求上进的模样。他们的朋友比谁都多，玩起来比谁都疯，疯起来比谁都久，可是，他们最终站得却是比谁都高，取得的成就也比谁都多。

于是，很多人便骂他们虚伪。我不否认确实可能存在一部分这样的人，但是，我总觉得，他们之间更多的可能是像小雪这样，是个既能够和大家一起开心玩耍，也能独自一人好好奋斗的人。

这些人在玩耍的时候，可以完全放下工作，在一群人中间，肆无忌惮地放飞自我，但是，当人群散去，当他们需要独处奋斗的时候，也能心无旁骛地去磨炼自己、提升自己。如此，他们玩也玩得尽兴，学也学得上进，收放自如，劳逸结合，自然事半功倍。

其实说实话，我很提倡这种该玩就玩，该学就学的做法。人不该一直紧绷着，就算是一张上好的弓，崩久了也是会断的，更何况是人。但是话又说回来，你不能只因为看到他们和大家玩耍的一面，便一叶障目地以为那是他们的全部。于是，和他们在一起的时候，你在玩耍，回家之后，当他们在努力的时候，你还在玩耍，然后，你看到他们成功了，就开始骂他们虚伪，抑或是把他们的成功归根于传说中的好运气或者是天赋异禀，这其实太不公平，也太以偏概全了。

有些人看起来无所事事，一副不求上进的模样，朋友圈里也没那么多励志语录，但是，他们在该努力的时候，一点也不含糊，虽然这些努力没有被别人看到，但是这些努力到达了内心，变成了真正的提升，是真正有效的努力；而有些人，他们每天早起在朋友圈里打卡，带着一堆书去了图书馆，自以为学习了一上午，其实只是刷了一早上的朋友圈和微博，他们的努力活在朋友圈里，他们的努力只是看起来很努力而已。

毕竟，这世上并不是每个人都热衷于向世界标榜自己如何勤奋、如何励志的，天天把励志挂在嘴边的人，也不见得就真的努力了。

03

大概半年前，因为死线临近，我每天晚上都会在下班之后去公司附近的大学图书馆里，写上三四个小时的稿了之后再回家。

后来，时间久了，我就发现，图书馆真的是一个很有意思的地方。在这里，我看到了很多双虽然很疲惫但是却亮着光的眼睛，当然同时，我也看到了很多迷茫彷徨的灵魂。

我记得我刚刚来这儿的时候，坐在我对面的是一个年轻的小姑娘。刚刚开始的时候，我们并不熟，一直是各做各的事情，渐渐熟了之后，我们也会聊上几句。

也是在这时候，我才知道，原来那姑娘今年大四了，他们学校管得比较严格，四级没过不给毕业。这姑娘从大一便开始考四级，可是一直考到现在都没能过。姑娘说，每天早上她都会早早起来，来图书馆占个座位，然后再去上课。下课之后，她又会马不停蹄地奔来图书馆，继续看书和做题。她是真的真的很努力地去念了，可是就是考不过，最后，姑娘有些绝望地说，如今是她最后一次考试机会了，要是这次还没过，那她就真的要完蛋了。

说实话，在听完姑娘的话之后，我还是很同情她的。毕竟，从她的话语里不难听出，这姑娘这几年来为了四级付出的努力和熬过的辛酸。而她的朋友圈里，也写满了这些年生活的波折和无奈。

然而，没过多久，我就被自己打脸了，因为我发现，这姑娘没过四级，还真的是情有可原。

原因无他，只是因为我发现，这姑娘每天晚上在图书馆，坐在我对面的三个小时的自习时间里，她可以花两小时玩手机，吃半小时零食，最后半小时看书，再拍张照片发朋友圈打卡，以显示自己真的很上进，很努力。

而最奇葩的是，半个月后，我终于踩着“死线”交了稿的时候，这姑娘的单词表竟然还停留在第二页，而那时候，距离四六级考试就只有不到一周的时间了。

我和那姑娘道别的时候，那姑娘愁眉苦脸，她说：“之宸，怎么办，我总觉得我这次又要过不了了。”

我看了看她至今停留在第二页的单词表，然后诚恳地点了点头，对她的话表示了十分的赞同。

04

其实，我一直觉得，这世上没有免费的午餐，你想要得到什么，终究得付出对应的努力。所有你看到的横空出世和一夜成名背后，都藏着无数的辛酸苦楚。只是并不是所有的人都喜欢向这个世界标榜自己的辛苦和努力，也不是每个人都有足够的个人修养，可以把这些艰辛当作闲话家常。

这并不是虚伪，只是很多时候，努力是一个人的事情，你想要什么，本就应该靠着自己去争去拿，这世上每一个人都活得不容易，没有人喜欢天天当别人的垃圾桶。更何况，努力这种事情在于实质而不在于形式。只要你能静下心来，在一段没有被人干扰的时间里，一心一意地在努力，让自己的努力真正到达了内心，变成了提升，比你发一百条励志语录更有用。相反，就算在朋友圈里把自己装点成最励志的人，但是在现实生活中没有静下心来真正去努力，那么该做不到的还是做不到，该失败的还是得失败。

所以说，天天把励志挂在嘴边的人，也不见得就真的努力了，从来不说努力的人，也不见得就真的躺平了。你要知道，真正出色的人，从故事开始到结束，属于他自己的那份奋斗的时间，就没有真正地浪费过。

这年头，骗别人容易，骗自己也容易，可是骗这个世界却有点难。你的努力究竟是有效的努力，还是只是活在朋友圈里的努力，恐怕也只有你自己能知道了。

别人的看法重要吗

01

高考结束后的那个暑假，为了赚旅行的费用，我曾经在一家杂志社里实习过两个月。

那时候，带我的是一个叫晓岑的姐姐，因为她比我大五岁，我便喊她一声岑姐。

岑姐长得很漂亮，和那些初出茅庐的大学生不同，在她的身上，你看不到一丝初出象牙塔的天真烂漫。她穿着讲究，打扮精致，永远都是一副步伐匆匆、目光如炬的模样，像极了电视剧中那些久经职场雷厉风行的女强人。那时候的岑姐，不怕反驳领导，也不怕得罪同事，待人待己都有着一套严格的标准，她追求的永远是最高的质量和无可替代的实力。

说实话，像岑姐这样的姑娘，就如同一朵带刺的玫瑰，让人一眼看去既惊艳又刺激。我还记得那时候，或明或暗追求岑姐的人很多，其中不乏商界精英、政界新秀，可是岑姐愣是一个都没有看上，用她的话来说，女人最好的时光应该是用来拼事业的，而不是找个男人，从此困于家庭。

再见到岑姐，是在今年的冬天。当我如约走进茶餐厅，看着坐在对面那个披散着头发，身着深色呢子大衣的中年大妈的时候，我的第一反应是，岁月怎么如此残酷！

聊了一会儿，我才知道，原来几年前，岑姐因为年纪大了还形单影只，又死活不愿去相亲，一心只扑在事业上，渐渐地，一些流言蜚语便慢慢传了出来。

有一阵子，不论岑姐去哪里，总会有人在她背后指指点点，说三道四。家里人不堪流言的骚扰，一哭二闹三上吊地逼她结婚。岑姐反抗了大半年，最终还是没能犟过他们，无奈地选择了妥协。

再后来，岑姐在家人的介绍下，勉强和一个公务员结了婚。婚后两年，他们的第一个孩子出生了，在婆家的要求下，岑姐无可奈何地辞去了杂志社的工作，专心在家带娃，过上了她日复一日家庭主妇的生活。

我闻言惊呆了，说实话，我真的难以想象，像岑姐那样独立果敢的姑娘，有一天竟然会因为别人的三言两语，彻底改变了自己的人生。

然而，更让我难以想象的是，此刻坐在我对面的岑姐，正一副过来人的模样，对着我一通牢骚喋喋不休。

她语重心长地劝我说："之宸啊，活了这么多年，姐算是明白了。女人哪，终究是要结婚的，与其等到人老珠黄的时候，随便找个普通男人嫁了，还不如赶紧趁着年轻貌美，钓个高富帅。你看姐，年轻时候没有好好把握自己的资源，到后来老了，就只能勉强找个小公务员，你可千万不要步姐的后尘啊……”

岑姐后面说了什么，我已经不记得了，恍惚中只记得，呆了好半天，我才愣愣地开口道：“可是岑姐，当年不是你和我说，女人最好的时光应该是用来拼事业的，而不是找个男人，从此困于家庭吗？”

“可是，结婚这种事情哪里是你说不结就可以不结的？”岑姐很是幽怨地叹了口气，对我说道，“女人哪，终究是要结婚的。你要不结婚，别人会一辈子跟在你身后，对你指指点点，戳你脊梁骨。风刀霜剑严相逼，终有一天，你还是会受不了向世俗妥协的。”

02

那天的最后，我也忘记了自己究竟是怎么吃完那顿饭的，只是觉得从头到尾，心里都很不是滋味。说实话，我一直都认为结不结婚，生不生娃，本就是一个女人的自由，究竟是从什么时候开始，一个女人想要打拼事业，想要不结婚生子，竟然也能成为被人戳脊梁骨的事情。

岑姐说，风刀霜剑严相逼，终有一天，流言蜚语会逼着你向世俗妥协。可是我却在想，别人对你的看法真的有那么重要？真的值得你放弃原本的规划，将自己的人生活成别人所指点的模样吗？

诚然，我们每一个人都希望别人都能够肯定我们、认同我们甚至赞扬我们，也许出于内心的虚荣，也许出于彼此的利益，我们都期待着如潮的好评，以维持彼此长久而良好的关系。这是一种人类的天性，无可厚非，但同时，我们也都清楚地知道，每个人都有自己的喜好，无论你做什么事情，都不可能同时让所有人满意。

套用一句流行语，你又不是人民币，凭什么让所有人都喜欢你。

所以，就算你愿意委曲求全，愿意活成大众指点的那样，你有没有想过，大众的意见在很多时候都是不一致的，你又该以什么为标杆，使自己变成让所有人都满意的模样呢？

03

那天岑姐最后的话，终究给我留下了阴影。后来有一次，我和老妈谈心的时候，特意说起了这件事。说到最后，我半是调侃半是忐忑地问我妈说：“妈，要是我以后，到了三十岁还没有结婚，你会不会也像岑姐的爸妈一样，被流言蜚语所困扰啊？”

结果我妈连眼睛都没抬一下，就直接回了我一句：“有什么好困扰的？难道你结了婚之后，他们就不会说了吗？你结了婚之后，他们会说你怎么还不生孩子；你生了孩子之后，他们会说你怎么还不生二胎，生命不息，流言不止，不论你走到哪儿，这世上总有那么几个嘴碎的人。你那个姐姐说风刀霜剑严相逼，但是，只要是在这江湖里混的人，谁的身上没插着几把刀子？”

老妈话一出口，我直接被她的洒脱和坦然震惊了，窃喜之下，只觉得三魂七魄都因为受到了包容和尊重而欢喜地飘了起来。

然而，我这种灵魂出窍的状态并没有持续很久，便被老妈接下来的一句话，瞬间魂魄归位。

她说：“其实，你与其担心我和你爹会不会被流言困扰，逼着你去结婚，不如好好想想，你自己以后会不会畏惧那些流言蜚语，最终向世俗低头？”

我闻言一脸懵逼：“啊？”

我妈轻轻叹了口气，合上书，耐心地和我解释道：“毕竟，流言蜚语再怎么猖狂，只要你心底信念坚定，顶多让你心里难受一阵，迷茫一阵，说到底，它也不能对你造成什么实质性影响。所以问题的关键是，你自己究竟是怎么看待流言蜚语所议论的事情，比方说，你今天看到了你岑姐，听了她的经历，你会感觉到害怕吗？”

我想了想，诚实地点了点头。

老妈继续说道：“我猜也是这么回事，其实流言蜚语究竟能不能影响你，归根结底，取决于你对自己正在做的事或者你自己未来打算做的事情，是否有足够的把握。”

“就像你今天会来问我这个问题，说明你自己在婚姻这回事上，本身也很迷茫。你本身没有经历过婚姻，你也不知道自己究竟对婚姻抱着什么样的看法，所以，你才会去在意别人的看法，才会把别人所谓的‘经验之谈’放在心上。在你的潜意识里，或许会觉得大众都在走的路或者几千年来流传下来的传统才是正确的，你应该跟着大众走；但是你的价值观却又告诉你，你真正想走的是另一条或许没有多少人认可的偏僻小路。”

“你害怕做出了自己认为对的但是全世界都反对的选择，走到最后却发现自己真的错了，世界才是对的，你害怕的是那时候自己的懊恼和后悔，以及随之而来的嘲笑的嘴脸。”

“也是因为这样，所以，虽然你的潜意识里知道别人的看法根本一文不值，但是你却控制不住自己心里那份对未来的恐惧。你会怕，这很正常，因为人总是会对未来的不确定性感到恐惧，这是人的本性。你在意别人的看法，归根结底，是你对自己要做的事情没有十足的把握，你的不自信导致你想要从别人的话里获取支持，你害怕失败，害怕沦为笑柄，害怕自己一路苦苦经营的形象就此崩塌。”

我闻言愣了愣，着实没想到，老妈如此一针见血，但是老妈显然没有停下来的意思，她继续说道：“但是，我要告诉你，你的这种患得患失摇摆不定的心理其实很正常。毕竟，人本身就是群居动物，我们都期待自己能够在别人心中一直保持着一个良好的形象，以此来维持彼此之间长久的良好关系。但是，你得知道，形象这种东西是最难把控的，因为每个人看待同一件事，都有着自己不同的看法，无论你做什么，你都不可能做到一次性让所有的人都心悦诚服。”

“更何况，一个人对另一个人的评价其实时时刻刻都在改变着，使他们改变的，是你做了什么，而不是你怎么去在意或者怎样去迎合流言蜚语本身。毕竟，别人心底的形象这种东西太难把控了，你能够把控着的，唯有你正在做的事情，以及你自己的想法。这个世界没有绝对的好，也没有绝对的坏，一个人所做的事情是否正确，不是由外界评价而定的，应该是由这件事的最终成绩来证明。你做了什么，决定了别人怎么看你，而不是别人怎么看你，决定了你怎么去活。”

04

那天，和老妈聊完，我只觉得通体舒畅，之前很多没想明白的事情，在那一瞬间豁然开朗。

其实，我们生活在这世上，每个人都避无可避地活在别人的口舌之下、世俗的眼光中，能够真正做到对别人的指指点点视而不见、充耳不闻的人真的太少了。

这和实力强弱无关，也和阶层境界无关。人心都是肉长的，就算我们潜意识里知道别人的看法一文不值，真的到了被人戳着脊梁骨数落的时候，心里或多或少还是会难受。

这是人之常情，并没有什么说不出口的，这并不是意味着，你就必须为了维护形象，遵从别人的看法，舍弃自己的原则，一辈子活在别人的口舌之间。

对于别人的看法，最好的办法是把它们作为审视自己行为的一面镜子，辅以自己成型的三观，不要过于在乎它们对自己形象的评价，而是让它们刺激你，促使你更好地实现自己的人生价值。

你得明白自己想要的是什么，明白自己究竟想要走什么样的路，你得有自己一套明确的是非观念，用以评判自己的做法是否正确。你得明白，他人的议论并不是决定真理的标准，它们只能作为参考，你可以通过它们认识到自己的不足；可以通过它们认识到是否有更好的达成某个目标的路径；可以通过它们了解世界，明白他人是如何看待自己的，但是不能把它们作为决定你应该如何前行的标准，更不能把它们作为你前行路上的标杆。

总有一段孤独，你得自己走过

01

大概半年前吧，我接了一个约稿。

我还记得，那次的稿子要得很急，而接下那个稿子后不久，公司又正好出了点事情。那段时间，我每天都特别忙，上班时间处理各种各样的事情，下了班，匆匆吃个饭，就一头钻进了图书馆里，独自一人奋斗到深夜。

赶稿的两个月里，我没过一天轻松的日子。整整两个月，感觉自己就像一缕游魂，纯粹靠着一口仙气和一份责任吊着。每天晚上，当我从图书馆里爬出来，看着被路灯拉长的影子的时候，感觉特别的孤独。

这种孤独日积月累，终于达到了巅峰。

我至今还记得，那是死线前的最后一个周末。那天，我前脚刚到图书馆，后脚就接到了四儿的电话。电话那头，是四儿欢快的声音。四儿说："之宸，大好春光出来浪啊，哥们儿已经定好桌子了，出来聚聚呗。"

说实话，那时候，在孤独、寂寞和重压多重折磨之下的我，真的已经是强弩之末了。天知道那时候的我，是多想就这样一口把四儿的邀约给答应下来。可惜，答应的话都到了嘴边，却在最后一刻，被一根名为理智的线狠狠拉住，然后，那些话就这样硬生生地拐了个弯，又被重新咽回了肚子里。

那天的最后，我还是拒绝了四儿的邀请，一个人默默地躲在图书馆里，一直码字到了晚上图书馆闭馆。

那天在图书馆里，我写完了一篇短篇，还打完了下一个短篇的大纲。说实话，在那之前，我从未在一天之内完成这么多的内容。本来，能有如此高的码字效率，应该是一件应该开心的事情，然而，那天晚上，当我顶着一双布满血丝的眼睛，拖着疲惫的身体，从图书馆里爬出来的时候，看着漫天破碎的星光，有那么一瞬间，我突然委屈地只想大哭一场。

天知道，在接到四儿电话的那一瞬间，我是有多想把那该死的死线连同那个没写完的稿子通通抛诸脑后，顺着自己的本心，肆无忌惮地出去好好放松一下，然后再彻底躺平，睡他个三天三夜。

可是，我知道不行，我既不能肆无忌惮地浪起来，也不能毫无顾忌地去睡他个三天三夜。我不能放纵的原因很简单，只是因为我是真的写得慢，而我也是真的没有时间了。

死线就像一把时刻悬在头顶的刀，每过一天，便向下滑落一点。我想珍惜这个机会，在能力范围内尽可能地把这次的稿子写好，就势必意味着我必须花时间去思考、花精力去修改，我想要写出既不落于俗套又能给人一定的启示的文字，也就意味着我必须要走心地去写下每一个文字，去用心地打磨我的每一篇文章。而不管是哪一篇，我都需要大把大把的时间，一天只有二十四个小时，死线当前的我，最缺少的也就是时间。

所以，那天回家的路上，我就对自己说，天下间没有免费的午餐，既然我贪心，想要的比别人多，那就注定我要付出的也必须比别人更多，这是我为自己选择的路，就算再孤独、再委屈，就算是跪着，我都得把它走下去。

02

卡森 · 麦卡勒斯说："人越是明白，越是有追求，就越孤独。"

说实话，这句话说得真的一点儿都没错。

这个世界上，总有一段路你得自己去走，也总有一段孤独你得自己去熬。这其中并没有什么衡量值与不值的标准，也没有谁能和你打包票说，努力了一定能够成功，甚至于，在你成功之前，都没有一个人会去关心你曾经过得有多苦，所有的一切，你都只能自己去扛，自己去熬。只因为，那是你给自己选的路。

但是，值得庆幸的是，你并不是一个人在苦，这个世上，在孤独中熬着，在为梦想努力奋斗的人，也远远不止你一个。

03

同样是半年前的那次赶稿期间，我几乎每天晚上都会到公司附近的图书馆里报道。去得久了，我就发现，图书馆真的是一个很神奇的地方，虽然来图书馆的人很多，但是，每天坐到闭馆才走的，却一直都是那么几个。

时间久了，我也渐渐地和那些总是熬到闭馆才走的人，混了个眼熟，而芸芸便是这些人中的一个。

我和芸芸认识得非常偶然，有一阵子，她总是坐在我旁边的桌子上。那姑娘很年轻，满脸的胶原蛋白，还总喜欢扎个马尾辫，看上去青春洋溢，就像一个还在象牙塔里的大学生。

刚刚和她混眼熟的那一阵子，我确实以为她就是哪所大学的在读生。直到后来有一次，我俩在图书馆闭馆之后结伴回家的路上，我才知道，原来芸芸不仅不是个大学生，她还已经毕业了好几年，甚至比我的年龄还要大上几岁。

芸芸告诉我，其实她的本职工作是银行柜员，这份工作虽然看上去光鲜，但是实际上却既枯燥又辛苦。她说，她其实一点也不喜欢这个工作，最初报考银行，只是因为父母的期许，然而，工作五年，日复一日重复着缺乏技术含量而又枯燥无味的事情，让她觉得如今的生活平静得就像一潭死水。她是真的厌倦了这样一眼能够望得到头的生活，她渴望改变。

她和我说，她从小的梦想是做个老师，将自己的一生奉献给传道授业解惑。所以，她想考研，想要继续深造，以后争取留校做老师。而来图书馆自习，就是她改变自己生活的第一步。

我听得入神，只觉得这是一个很努力很励志的姑娘。那时候的我，正好处于压力渐大、孤独渐深的状态，于是我问她："那你会觉得孤独吗？"

我问她："你一个人，要在别人玩耍的时候，抵住诱惑，独自一人在这种前途未卜的时光里艰苦奋斗，你难道不会觉得孤独吗？"

谁知道，那姑娘听完就笑了，她说："说不孤独肯定是假的，但是，这世上有梦的人、正在追梦的人，又有谁是不孤独的呢？或者把目光再放长远一点，这世上又有谁是不孤独的呢？"

我闻言微微一愣，却听那姑娘继续说道："其实，真要深究下去，这世上就没有不孤独的人。孤独是一种常态，毕竟每个人都只能陪着你走一段，但是不能陪着你一直走。有些路你总得自己去走，有些孤独，你也总得自己去熬。"

"足够幸运的是，这个世上，你并不只是一个人在奋斗。你看看图书馆里那些每天和我们一样熬到后半夜的人，他们每一个都在为自己的梦想努力着，他们每一个人都孤独地走在奋斗的这条路上。如果这样看，其实，追梦的人最不孤独了，因为在这孤独的路上行走的每一个人，都是你的同伴。有这样庞大而励志的一支队伍陪着你，你还会觉得孤独吗？"

04

那天晚上，夜风习习，星光细碎，我听着芸芸的话，只觉得眼前豁然开朗。

确实，从前，我所看到的世界只有我自己，我总觉得，在奋斗这条路上，我没有同伴，从头到尾只有我自己一个人，孤独地做梦，孤独地追梦，茕茕孑立，踽踽独行。

直到那天听完芸芸的话，我顿时觉得，不是自己太孤独，只是我的格局着实太小了。

我们总说，越长大越孤独，其实，不是越长大越孤独，而是这个世界本身就是个孤儿院，有些路你总得一个人走，有些孤独你总得一个人去熬着。

这和你有没有梦没有关系，也和你奋不奋斗没有关系，人这一生，孤独是种常态，奋斗拼搏影响的也只不过是一个人孤独时间的长短，而不会改变人生本孤独这个实质。

更何况，也不是说追梦的人就一定孤独了。毕竟，就像芸芸说的，这世上远远不止你一个人在追梦，也不止你一个人在孤独地苦着。

这世界本就功利，在你成功之前，没人会关心你曾经过得有多苦，但是即便如此，我们还是要走下去，因为，那是你给自己选的路。

慢慢来比较快

01

深夜，大学时代的朋友 L 来找我，向我咨询关于转行的问题。

L 是土木专业，大学毕业后去了施工单位，两年来跟着工地四处飘荡。L 说他烦极了如今这样四海为家的生活，不仅工资待遇不高，而且居无定所的生活使得原本稳定的爱情也变得缥缈起来。

他问我，转行造价会不会比较轻松？是不是真的如同传闻中的一样，可以天天坐在办公室里，活少钱多有周末，空闲了还可以接私活赚外快？

我无语地翻了个白眼，毫不犹豫地回了一句，哪有这么好的事情！你知道吗？造价狗的日常就是被各种工程赶着跑，甲方一旦催起来，造价狗常常需要几个通宵达旦地熬下来，好不容易一个工程结束了，你就可以收拾收拾准备赶下一个工程了。而且刚入这行你算图的抽成还有 20% 是算在带你的师父的名下，属于你的部分还得被公司各种拖延压榨。

简而言之，真实的造价狗生活就是起得比鸡早，干得比牛多，吃得比猪差，睡得比狗晚，赚得还少。

L愣住了，有些难以置信地问我说：“可是传闻不是这样的啊？”

我笑了，半是玩笑半是认真地说道：“是啊，传闻确实没有骗你，但是，要想达到传闻中的那个境界，你至少得在这行拼个十年以上。”

L震惊了，十年？怎么会那么久！

我说：“这不是很正常吗？首先，你至少得花个五年时间才能扎实而系统地学好造价的知识，而后，不断地与时俱进，在接触各种各样的工程之中，提高自己算量的速度和质量，考取各类资格证书，慢慢地积累口碑，积累人脉。只有等你拥有了足够的实力和信誉之后，才会有人将工程放心地交给你来做。”

然后，L就不淡定了，“那我如今岂不是已经白白浪费了两年？”

我说：“不会啊，你这两年在现场学习的东西对以后从事造价有很大的帮助，我的很多学弟也是毕业就去了现场，现在很多我不知道的东西他们都知道了。”

L叹气道：“可是时光不等人啊。现在我的年龄大了，不仅女朋友家里催着结婚，连自己也觉得应该要有个归宿了。可是，大城市的聘礼、房价哪个都不容小觑，我很急啊，急着安定下来，急着赚到大钱，急着过上心目中想要的生活。”

最后，L问我：“之宸，我知道你见识甚广。你说，我这情况，有没有什么适合我的速成之法呢？”

02

其实，L的焦虑，我特别能够感同身受，因为，在我最初开始写作的时候，我也经历过相同的焦虑。

那时候的我，刚刚走出校园，在反复确认了自己确实很喜欢写作之后，我毅然决然地决定一边工作一边复习，花了半年的时间，成功地考入了体制，拥有了一份传说中的“铁饭碗”。

体制内的生活真的如同外界传闻一般，但是那时候的我却很满意这种生活，不知道哪里来的优越感，我觉得自己和那些浑浑噩噩的人不一样。我觉得自己还年轻，却已经有了明确的目标和奋斗的激情，如今身在体制之内，只不过是借着体制的性质，为自己的梦想服务。那时候，我无端地自信，总觉得在不久的将来，自己马上也可以像那些大 V 一样，坐拥百万粉丝，名满天下。

在这样的目标驱动下，我很努力地过好自己的每一天。当别人在唠嗑闲聊的时候，我在码字；当别人在聚会娱乐的时候，我在码字，那一个个孤寂寒冷的夜晚，年少成名的梦想总是让我热血沸腾，兴奋异常。

然而，残酷的现实却在这时候给我浇了一盆冷水。那些满载着希望的稿子石沉大海，毫无回音。

日子久了，原本干劲儿满满的我渐渐有些消沉。因为长篇小说的起投点至少三万字，这怎么也要花费我一个月左右的时间才能完成。而没有回音，就意味着我为了完成稿子所付出的时间、精力以及为了写作而拒绝的娱乐，全部都是一场笑话。

我很沮丧地将朋友 Z 约了出来。Z 是我大学时代的挚友，如今已是一个小有名气的兼职作家。

我把苦恼和Z说了，Z皱皱眉头，轻声鼓励了我一番后建议，如果实在对长篇小说提不起兴致，也别急着放弃，可以先尝试向杂志社投短篇小说，根据编辑给出的意见进行修改，从而慢慢成长。

可是不知道为什么，当时，我脑海里闪过的念头竟然是，短篇小说好啊，不仅周期短，还可以借助杂志迅速地积累人气，一举两得。

那一刻，我仿佛推开了新世界的大门，果断停更了之前的长篇小说，开始了新的创作。

我还记得，第一部短篇耗费了我一周半的时间，洋洋洒洒两万字，自认为情真意切，文笔立意俱佳，然而，它却死在了终审上。

不甘心的我再次提笔，本着天道酬勤的理念，基本上以一周一篇的速度对各个杂志进行轮番轰炸，然而无一例外的，通通被退了稿。

三个月后，被现实虐得体无完肤的我再次找Z哭诉。

那时候的我，是真的有些绝望，甚至开始怀疑自己是不是一开始就选错了方向，是不是自己根本不适合走写作这条路。我对Z说：“时至今日，我真的已经非常努力地为梦想奋斗了整整一年，可结果却是，不仅在写作这条路上毫无建树，而且还日益荒废了自己真正的专业。”

“整整一年啊，”我以手托腮，很是颓废，“这一年里，我真的是全年无休，把所有能挤的时间都用上了，放弃了周末，早起晚睡，放弃了假期的娱乐聚会，就连春节的七天，我都没有走亲访友，断开网络，关掉手机，将自己关在冰冷的小黑屋，只为了码出一篇文章。”

我很痛苦地嚷嚷:“你说我都这么努力，为什么还是屡战屡败呢?”

Z看着我，过了好久，他才轻轻说道:“之宸，因为你太急了。”

我一脸迷茫地看着他。

Z喝了一口饮料，缓缓地说道:“我问你，你这一年来，除了码字，可曾静下心来看过一本书?”

我愕然，这时候我才发现，我真的好久没有认真地读过一本书了。

Z继续说道:“写作本质上其实是一项思想输出的过程，你首先得有自己独到的见解，然后才能通过笔尖下的故事告诉你的读者，引起共鸣。但所谓有输出必然要有补给，甚至补给要超过输出或者至少得等于输出，如若不然，早晚有一天，入不敷出之时，你就会出现知识断层，这也就是我们常说的‘江郎才尽’。”

我眨巴眨巴眼睛，似懂非懂。

Z微微偏头，看向街边的夜景，微不可闻地叹了口气，沉默半晌方才继续说道:“其实，写作与其说是一种爱好，其实可以说更是一种技能，它和造价这个专业一样，是需要花时间和精力去磨炼的一技之长。而磨炼的过程明明是最急不得的一件事情，可你却偏偏用了最浮躁、最功利的方式去对待它。没有沉淀、没有思想，甚至没有经过深思熟虑的构思而草率设置的情节，恕我直言，你不过稿是太正常不过的，除却你用心写的第一部长篇，你后来的文字和思想真的在不断地走下坡路!”

Z的话宛若一盆泼向灵魂的冷水，让我从头到脚冷了个彻底。

虽然很不愿意承认，但是我很痛苦地发现，他说得其实一点都没有错。

原来，我自以为一直行进在追逐梦想的路上，然而却早已经在不经意间被功利蒙蔽了双眼，偏离了最佳的轨道，越走越远。

03

那天晚上，在火锅袅袅升起的热气中，破天荒地，Z和我说起了他以前的故事。也是到这时候我这才知道，和我同龄的Z竟然已经默默地在写作这条路上坚持了整整十一年。

Z说，他大约是在初中的时候开始走上写作这条路的。一开始也是出于兴趣，当然，还有那么一点儿年少的虚荣。然而，他很快便被现实狠狠地打了一记耳光。点击率寥寥无几，知名度更是没有，他很沮丧地好几次想要放弃，最后还是因为没舍得，硬着头皮咬着牙，撑到了最后。

许是谈到曾经那段灰暗的岁月，Z格外地感慨。时至今日，他依然很感谢那时候那样固执的自己，那段经历不仅硬生生地磨出了他的文笔，也让他彻底静下心来，一步一个脚印地踏实向前。如今虽然他依然没有大红大紫，人气却在慢慢上升，而身边也聚集了一群志同道合的朋友。

04

那天晚上，我回到家，躺在床上，盯着雪白的天花板，思绪万千。

我们身处一个浮躁的社会，速食文化更是不断地侵蚀着我们的思想。我们都渴望今天付出点努力，明天就能够立刻得到回报。但是，这世上本就没有什么一蹴而就的事情，所有你看到的功成名就，都是曾经无数孤寂和努力的沉淀。

不可否认，这个世界上确实还是有不少年少成名的人，这类人无须我多言，媒体早已经大肆报道过了。年少成名是一个很美好的词，太美好了，以至于我们都忽略了，这些年少成名的人物，他们的起点往往也比别人早。刘亦菲十四岁进入娱乐圈，蒋方舟七岁开始写作，俞承豪六岁开始拍摄广告，在同龄人还在纠结着读书意义何在的时候，他们早已确定了自己想要走的路，并且开始向自己的目标迈进。

因为足够早的开始，所以，他们有足够多的时间去磨炼、去积淀。我们今天看到的是他们年纪轻轻却已经站在了一个我们无法企及的高度，我们羡慕的是他们将有大把大把的好时光去尝试其他的事物，可是，我们却从未看到，冲天的名气背后，是从未轻松过的童年，是从来不单薄的积淀。

我们羡慕他们年少成名，其实也是一种对自己碌碌无为的过往的愤慨。

但是，那又能怎么样？过去的终究已经过去了，羡慕、嫉妒、懊恼、焦虑，这些情绪不仅于事无补，还很可能影响我们未来的路，从而陷入一个恶性循环。

所以，放下那些无用的焦虑，放下那些急于求成的心态，放下那一步登天的幻想，静下心来，好好思考你真正想要走的路，然后，抓紧一切时间，好好地去磨自己的一技之长。或许，刚刚开始会很艰难，会很沮丧，会埋怨自己为什么会走得这么慢，但是，一旦你撑过这个瓶颈期，未来只会越走越快，越走越稳。

就像 Z 当年为了投稿杂志社，连续买了一整年的杂志仔细分析，在为这家杂志社量身打造的稿子被退之后积极找编辑交流纠偏，又经历了六次失败后，才在第七次投稿的时候准确地把握了这家杂志的风格，写出了市场所需要的文字。

05

那天的最后，我把这个故事说给了 L 听，L 沉默了很久，直到我们在酒吧门口分别，他也没有和我再说些什么。

那之后又过了半年，我几乎都忘记了这回事了，却在一天深夜改完稿子，打开手机的那一刻，收到了一条短信，发信人是 L。

他说，阿宸，后来我想了许久，或许你说得对，现在的我真是太过浮躁了。亲戚朋友频繁的催促让我对未来感到焦虑，不知不觉就让恐惧蒙蔽了我的双眼，甚至打乱了我最初规划好的路。你说得没错，这个世界终究还是以实力为尊，只要有一技之长在身，终归是可以在这个世界站稳脚跟的，那之后，那些该有的东西，时间也会慢慢带给你的。而现在，我最需要做的是静下心来，好好思考下自己真正想要的是什么，未来的时光里又该怎样用自己的耐性和毅力，去好好磨自己的一技之长。

我感到很欣慰，给他回了一个笑脸，然后衷心地祝他成功。

你不努力蜕变，没人能替你成长

01

春节的时候，小林来我家玩，正好那天表弟也在我家，我便介绍小林给表弟认识。

小林年轻有为，不过二十七岁的年纪，已经有了自己的公司和团队。表弟听了既惊叹又羡慕，于是他问小林："嘿，兄弟，你这么厉害，家里很牛吧？"

小林一愣，有些尴尬，但是出于礼貌，他还是实话实说道："我出生在农村。"

表弟不死心，继续问道："那你哥哥姐姐很厉害吧？"

小林说："我没有哥哥，唯一的姐姐已经嫁人了。"

表弟继续问道："噢！那你姐夫一定很厉害吧。"

小林无可奈何地道了一句："我姐夫是个普通的公务员。"

这一下，表弟像是终于找到了一个令自己满意的答案，立即呈恍然大悟状道："难怪！我就说嘛，有个公务员姐夫多好啊，人脉广、背景硬，难怪你这么年轻，就有了自己的公司。"

这话说得小林愈发尴尬，而我更是想直接一巴掌拍死表弟算了。

我和小林相识于大学的图书馆，那时候正逢开学，因为假期玩得太欢以至于拖了一堆稿子没写的我，不得不在开学时，一个人孤零零地来图书馆加班。那时候，大家都还沉浸在假期的懒散之中没有缓过神来，一连几周，除了死线迫近不得不熬夜码字的我，空空荡荡的图书馆里，也就只剩下每天都自习到深夜的小林了。

时间久了，每晚都在图书馆闭馆之后才离开的我们渐渐熟了起来。也是在那时候，我才知道，原来小林这样努力，只是想要改变自己的命运。

小林说，他出生在一个偏远的小山村，父母都是目不识丁的农民。两人省吃俭用了一辈子，才供出了他这样一个大学生。也是因为如此，小林从不敢放松对自己的要求。他说，在这个繁华的城市，他什么都没有，想要什么，都只能靠自己，所以，除了努力向前，他没有其他的路能走。

我还记得那时候我问他，那你对未来有什么打算?

我本来以为，我会听到诸如“找一家大公司，努力工作，然后升职加薪，出任总经理，当上 CEO，迎娶白富美，走上人生巅峰”之类的答案。结果，小林直接回了我一句:“我想要开一家公司。”

我目瞪口呆，心中只觉得这货也真是太敢想了。小林并没有理会我的惊讶，反倒是很认真地向我描绘他对于未来的构想。他说，他渴望改变自己的命运，不想像父母一样，一辈子给别人打工，被资本家剥削，所以，他想要站在利益链的顶端，尽可能地为自己争取最大的利益，让自己的时间发挥应有的价值。

小林是这样说的，也是这样做的。从大一开始，他便将每年的寒暑假全部耗在了工地上。他肯吃苦，又嘴甜，虚心好学，很讨工地上老师傅们的喜欢，还没毕业，便已经完整地跟了好几个项目，不仅掌握了大量现场的知识，将工地上的那些弯弯绕绕弄得一清二楚，更是积攒了大量的人际关系。

整整四年，他一直在努力，从施工现场到咨询公司，从中介机构到知名地产，从普通计价算量到全过程成本控制，他用实践一点一滴地去完善自己的经验，努力填补自己的知识空白。我看着他每天来去匆匆的身影，看着他一天天成长，一点点变强，终于成功蜕变。

大四毕业季来临的时候，他联合几个志同道合的伙伴，开始了自己的创业之路。独立管理过项目的经验让他能够游刃有余地处理各种突如其来的波折，实习期间积累的人际关系又为他赢来了许多合作的机会，因为准备充分，又是强强联合，他们很快淘到了第一桶金。如今他们的公司蒸蒸日上，前途一片光明。

02

其实，这世上每个人都在期待成功，期待华丽蜕变，可是，愿意为之付出努力，并且持之以恒的人，真的是太少太少了。

更多的人，他们一边希冀着成长，一边又暗暗地偷懒；一边仰望着成功，一边却又不肯付出足够的努力；他们在原地唉声叹气，期望着有一天能得到贵人相助；他们巴望着别人的美好，企图有一天能够天降好运；他们抱怨着这个世界的不公，总觉得别人能够走到他们所不能企及的高度，背后一定有着一个庞大的家族势力作为助力，殊不知，这世上哪有那么多含着金钥匙出生的人，所有横空出世的背后，都有一场又一场不为人知的努力。若是你自己不努力蜕变，没有人能够替你成长。

03

其实，我一直觉得，成长这件事情对于每个人来说都很公平，想要完成蜕变，必然要经历痛苦；想要收获成长，也必然要付出努力。

别再抱怨这个世界的不公，也别再羡慕别人能够在短时间内做出耀眼夺目的成就。别人可以，你也可以。你想要什么，就朝着这个目标，持之以恒地努力。你要记住，没有人能够替你成长，你想要蜕变，就只能自己风雨兼程！

每一次努力都是对自己最好的投资

01

大概半年前吧，我接了一个约稿。

那次的稿子要得很急，而不巧的是，在签完合同后没多久，公司又出了一点事情。那段时间，我每天忙得连轴转，上班时间处理公司的事情，下了班就往图书馆一钻，独自一人码字到深夜。

至今都还记得，那段时间我过得异常狼狈，短短两个月瘦了整整二十斤。有一次，好朋友四儿来图书馆找我的时候，被我目光涣散形象萎靡的模样，活生生地吓了一跳。

后来有一次，我们喝酒闲聊的时候，说起这件事。四儿问我说："之宸，当时你那个稿子到底卖了多少钱啊？"

我想了想，然后如实地和四儿报了个数。

结果，四儿听完就直接惊呆了："就这么一点儿？"

我诚恳地点了点头："就这么一点儿。"

"所以，"四儿难以置信地总结道，"你当时就是为了这么点钱，把自己折腾成了那幅鬼样子？"

我认真地点了点头，毫不留情地给自己补了一刀。

然后，四儿就彻底懵了，他顶着一副被雷劈中的模样，一脸“你特么逗我吧”的表情问我：“之宸，你不至于吧，你真有那么缺钱吗？”

瞬间，我就被他滑稽的表情彻底逗笑了，于是，我拍了拍他的肩膀，认真地和他解释说：“老大啊，有些时候，你真不能只看钱说话。虽然说，促使我那段时间这么努力的种种因素中，钱是一个很重要的因素，但是比起钱，我更看重的是那个机会。”

“你知道的，我在大学的时候就喜欢写作了。也和你说过，我想成为一个真正的作家。我希望能够通过手中的笔，去记下一些美好，去传递一些思想，去宣扬一些价值观，去传递一些正能量。而这次的约稿，正是我实现梦想路上的一块敲门砖，也是我花了好多努力才得到的一个机会，毕竟，若是时光倒转几年，我可能连这个赶稿的机会都没有。”

“所以说，我这样努力，这样用心地想要把稿子写好，除了想要对得起自己的稿费之外，更多地，是想用这次的努力为自己做一次投资。因为，我始终觉得，如果能把这次稿子写好了，或许能通过这次的机会走到一个新的高度，从而得到一个更好的机会。若是那样，或许下一次，我的稿费在如今这个基础上翻几番也未必不可能，你说是吧？”

02

其实，在我们很小的时候，长辈总会时不时耳提面命，用一个个耳熟能详的故事来告诫我们要努力，因为只有努力了，我们才能成功。

可是，后来等我长大了，毕业了，走入这个社会了，我才发现，这句话不完全对。

因为所谓成功，其实是很多因素共同作用下得到的一种结果，而努力只是其中的一个环节。并不是说努力了就一定会成功，你还得看看你努力的方向是否正确、你是否能够持之以恒地为目标奋斗，还有，在万事俱备之后，你又能不能恰到好处地遇上那阵东风。

所以说，从最开始的努力到最终的成功之间，有很多不确定的因素。努力不一定会成功，但是不努力，你一定不会成功。

而这一点，才是我们要努力的真正意义。

当真正意识到这点之后，我就再也没有把努力和成功划过等号。后来有一阵子，我沉迷投资，买了一大堆投资类的书籍回来；再后来，看着看着我就发现，努力其实和投资很像。

每一次努力，其实都是对自己的一次投资，让知识、技能以另一种形式在自己的身上转换成无形资产，得以保值。而后，再把这些一技之长投入市场，去竞争、去赚钱，以钱生钱，让钱在市场上不断升值，周而复始，良性循环。

03

我真正意义上决定走写作这条路，是在三年前。

那时候的我，刚刚走出校园，在反复地确认了自己确实是真的喜欢写作后，便照着自己的想法，给未来做了一份详细的计划。

我给自己设定的第一个目标，便是考入体制。毕竟，只有在这样一个稳定的环境里，我才能够在养活自己的同时，还有充足的时间和精力去进行我所喜欢的小说创作。

为了达到这个目标，我努力了整整半年。那半年，我白天工作，晚上做题，每天都像一缕游魂，纯粹靠着一口仙气吊着，着实身心俱疲。好在功夫不负有心人，省考过后，我如愿以偿地进入了体制，完成了计划中的第一步。

我至今都还记得，那时候的我满心欢喜，以为很快就能实现自己的梦想了，然而万万没想到，在正式追梦的第一年里，就被所谓梦想虐得体无完肤。

那一年里，我几乎把所有的空闲时间都花在了码字上面，每天都在写稿，可是每天都在被退稿，我希望能够靠着稿费来滋润生活，可是到最后，我却是靠着工资去养活自己的梦想。

那一年，我过得特别煎熬，写到后面，连我自己都开始怀疑自己，是不是真的选错了路，是不是自己根本没有写作的天赋?

这样的自我怀疑持续了很久，最难的一次，我是真的起了放弃的念头。我把好朋友小林约出来，喝了一夜的酒。

那天晚上，喝到最后，我泪流满面地和小林说，醉完这一场，老子就封笔不写了。什么破梦想，老子才二十三岁啊，干什么不行，大好年华的，干吗非得过得这么苦。

结果，小林听完就笑了，他和我说，之宸，你不会的，虽然这世上你有千万条路可以走，但是，你目前真正想走的，也就只有这一条。

所以啊，你也就现在打打嘴炮，明天酒醒你十有八九还是会继续的。

第二天，当我酒醒之后睁开眼，果然还是如小林所说，默默地滚到了书桌边，打开电脑，开始码字，继续书写我的青春。小林说得没有错，我的选择很多，但是，我真正想走的就只有这一条路，既然如此，与其再怀疑自己，不如好好珍惜当下，天赋不够，就用勤奋去补，无论如何，我都得用努力为自己搏一把。

之后，我再也没有抱怨过。我学着好朋友的方法，买了一堆杂志，在看书的过程中，去剖析结构，去总结写法。那段时间，我学会了坚持，学会了分析，学会了思考，再也不会像之前那样盲目地一味输出了。

直到现在，我还很感谢那时候坚持下来的自己。后来，我是到了毕业第二年的夏天，才终于在《紫言情》上过了我的第一部短篇小说。

直到现在我都记得在杂志上看到自己的文字时的百感交集，那次的过稿仿佛给我打了一剂强心剂，让我看到了成功的希望，瞬间整个人都热血沸腾了起来。

后来，以那次的过稿为一个转折点，我一路跌至谷底的人生终于出现了第一丝反弹。在杂志过稿之后没多久，我又参与了《读者文摘》合集的编写，继而出了自己的第一本书，陆陆续续地也接到了一些独立的约稿。再后来有一次，当我闲暇时候翻出曾经被退的旧稿的时候，竟能一眼看出其中的诸多问题，那一刻，我突然明白，原来这些年，我一直以为是无用功的努力，其实一次也没有白费，那些彷徨而苦难的时光，终于让我蜕变成了今天的样子。

04

这些年，我曾经听到过很多关于“努力的意义”的探讨，有的人说，努力没有用，因为无论你如何努力，都改变不了世袭差距；也有人说，努力是有用的，最坏的结果不过是大器晚成。

在我看来，不管结局如何，每一次努力都是对自己最好的投资。在这个世界，不论投资什么都有亏本的可能，唯有投资自己，才是一桩只赚不赔的买卖。

而这，或许就是我们努力的意义所在吧。

Part 2

最好的时光里，遇见最好的你

在爱别人之前，你得先学会爱自己

01

七七说，她和阿宣分手了。

对于这样的一个结果，说实话，我并没有感到很意外。

七七和阿宣都是我的大学同学。阿宣长相英俊，七七俏皮可人，他们之间，是七七先追的阿宣。七七说，第一眼见到阿宣的时候，就觉得他像极了小说中经常出现的那个白衬衣学长，干干净净，总能在一笑之间让人怦然心动。

一开始，他们确实过得很是甜蜜。那时候大学城还没彻底开发，学校附近尽是一些不入流的小店。有一天早上，吃腻了食堂的豆浆馒头的七七突发奇想，特别想吃澜记的菠萝油，阿宣知道后，二话没说直接跷了课，坐了四个小时的公交到市区，找到了网上评价分数最高的那家店。那天晚上，阿宣回来的时候，不巧遇上了一场暴雨，可是，当他抱着菠萝油来到宿舍楼下的时候，怀中的菠萝油却还是热气腾腾的，硬是没有沾上一滴雨水。

七七自小缺爱，长这么大第一次被如此珍视，瞬间感动得一塌糊涂，因为这件事，七七对阿宣彻底死心塌地。她为他做饭，为他洗衣服，为他占座位，为他写论文，从校园到社会，整整五年，七七为阿宣做尽了一切自己能做的事情。她将阿宣看得比自己还重要，小心翼翼地将他捧上了天，她总以为只要自己用尽全力去爱他，必然也会得到对方同等的爱。可是，阿宣却在这时候让她失望了。

出了社会之后，阿宣越来越忙，今天要陪老板吃饭，明天要陪朋友喝酒，后天还要加班赶项目，每次七七约她，他总能找到各种各样的理由搪塞，他每天都在忙这忙那，就是腾不出一点点时间来陪她。

女人是敏感的，时间久了，七七就算再迟钝，也有了察觉。有一次，在阿宣又以加班为由推了七七的约会之后，七七没有像往常一样乖乖回家，而是径直去了阿宣的公司，结果，她看到一个漂亮姑娘挽着阿宣的手，从公司大门走了出来，他们有说有笑，她却觉得无比刺眼。

她很伤心，却还是顾及阿宣的面子，没有直接冲上前去。后来，她才从阿宣的朋友那里知道，那个女孩是阿宣的同事，两个人同在一个项目组，每每阿宣加班到深夜的时候，那个女孩总会给阿宣送上一杯温暖的咖啡。夜深人静时恰到好处的温柔，是男人无法拒绝的诱惑，于是，他们便顺理成章地暧昧，将错就错地走到了一起。

七七知道这一切后，说不难过绝对是假话，不知道是五年的感情让她不舍得放下，还是她实在不愿意接受阿宣已经不爱自己的事实，又或者是内心深处仍然存在着一丝侥幸，总之，七七在难过之后，依然没有选择分手。她告诉自己，之前阿宣之所以会被其他女孩诱惑，一定是因为她对他不够好，所以，接下来的日子里，她对阿宣更加温柔，甚至变得有些卑微。她小心翼翼地讨好他，战战兢兢地面对他，甚至不敢和他提任何要求，即使是最简单的看电影和逛街，她也怕他会不开心。

该发生的事情总会发生，哪怕你再不愿意，有些事情总要面对。

情人节那天，阿宣终于答应陪七七去看电影，为此，七七高兴了整整一天。她特意化了最精致的妆，穿上了最漂亮的裙子，把自己打扮得漂漂亮亮地去见他。可惜，阿宣再一次让她失望了，那天晚上，她在电影院门口等到了电影散场，阿宣都没有来。许是着实太过压抑，又或者是太过气愤，那一天也不知道是哪里来的勇气，她连电话都不打，就直接怒气冲冲地杀到了阿宣的公寓。打开阿宣房门的那一瞬间，她终于看见了自己最不想见到的画面，阿宣和那个女同事，正不堪地在床上滚作一团。

至此，七七终于绝望了，她狼狈地跑了出来，下定了决心，结束这段早该结束的感情。

最后，她哭着问我："阿宸，你说，为什么会这样？我这样委曲求全、掏心掏肺地爱他，可是为什么到最后，他还是选择了背叛？"

我看着女孩哭花了的妆容，莫名地有些心疼。我告诉她："傻姑娘，你有没有想过，就是因为你太爱他了，所以他才敢放肆。第一次，你当面撞破他出轨了，都不敢提分手，他就吃定了你舍不得他，所以才会不在乎。你把他看得那样高，却让自己低到尘埃里，你爱得如此卑微，如此廉价，恐怕很多时候，连你自己都会看不起这样的自己吧，既然如此，你又怎么能指望他会爱上这样的你呢？”

02

都说爱情是最容易让人迷失自我的东西，如今看来，真的一点没错。总有许多傻姑娘在陷入爱情的最初，就把自己放在了很低的位置上，她们一心一意捧着对方，顺着对方，将对方抬得很高。她们不计回报地付出，掏心掏肺地对对方好，总以为这样，便能获得对方同等的爱。哪怕明知道对方已经不爱自己了，她们依旧不肯回头，总觉得只要自己付出得更多，对方总有一天能够意识到自己的好，从而幡然悔悟，回头珍惜眼前人。

只可惜，浪子回头的一天或许永远不会到来，又或许当那天到来之前，她们已经被伤透了心，转身离开了。

其实，爱情中的两个人，本就应该是平等的，只有单方付出的爱情，注定是走不长久的，尤其，当付出的一方一直是女生的时候，就更容易被男生看轻。时间久了，男生就会觉得这种付出是理所当然的，他会觉得，既然你这么害怕失去我，那我又何必在乎你？既然你这么容易满足，那我又何必多加付出？既然你自己都不爱自己，那我又何必爱你？于是，随着时间的推移，你在他的心里就变成了可有可无。

所以，作为女生，还是矜贵一点好，但这并不是说，你不应该主动放下身段去追求爱情，只是，请你记住，当你在爱别人的时候，你得先学会爱你自己。

03

罗子是我的好朋友，这家伙是个典型的高富帅，家境殷实，长相俊逸，人还聪明，特别会赚钱，简直活脱脱一个从小说里走出来的霸道总裁。

在容貌、家世、智商多重加成之下，罗子无论走到哪里，都是人群中的焦点。大学四年，毕业五年，追过罗子的美女手拉手都能绕大学城一周了，奈何罗子一个都没看上，直把我们这群单身汪恨得牙痒痒，甚至开始暗地里怀疑起了罗子的性取向。

就在我们认定罗子是弯的时，他以迅雷不及掩耳之势打了我们的脸。大年初一，他在群里发红包，颇为得意地向我们宣布，他要结婚了。

对此，我们的第一反应是，啥？这年头出柜都能出地如此理直气壮、光明正大了吗?

事实证明，是我们想多了，和罗子步入婚姻殿堂不仅是个姑娘，而且还是个我们都认识的姑娘，小酒。

小酒是我们当年隔壁建筑系的系花，也是倒追罗子的庞大娘子军中的一员。在我们的印象里，这姑娘除了长得还可以，追人很热情之外，真的没什么出彩的地方。

所以，对于罗子千挑百选，最终决定牵手小酒的事情，我们一直百思不得其解。

后来，在单身狂欢夜里，我们终于找到了一个机会，向罗子问出了这个问题。

也是在这个时候，我们才知道，原来小酒真的是一个很可爱，也很值得人爱的女孩。

罗子说，最开始答应和小酒交往，主要是因为他没能扛过小酒那锲而不舍、死缠烂打的热情。他本是想以退为进，让小酒知难而退，可是万万没想到，最后反倒深陷其中，不可自拔。

“小酒真的是个与众不同的女孩，”罗子笑道，“你们别看她追我的时候，一副死缠烂打、不死不休的模样，但是，小酒她对自己的原则和底线有着一股特殊的执着。”

“我们确定恋爱关系后，她没有像其他女生一样，将我当作她的行为标杆，对我无条件地纵容。恰恰相反，她很快让我知道了她的底线和原则。只要不触及她的底线，她便乖巧温顺，在外人面前更是给足了我面子。然而一旦触及她的原则，定是寸步不让，哪怕和我撕破脸，她也不会有半分妥协。有的时候，若是我无意间做了什么让她不开心的事情，她也会私下里用一种很委婉的方式告诉我，而不是像别的小女生一样，偷偷委屈，然后再用自己的委屈化作一种道德责任绑架我。”

“小酒她从来不屑于假扮柔弱来博取同情，哪怕她再爱我，也不会委屈自己来成就我们的感情。她爱我，但是同样，她也很爱自己。”最后，罗子总结道，“她不会因为爱我而迷失自己，也不会因为爱我而委屈自己，和她在一起，我能感到两个灵魂自然的吸引，我能够感觉我是在和一个独立的人格并肩而行，而不是站在高处，被迫向着另一个人施舍着自己的感情。”

04

罗子的一番话，至今让我很是难忘，那天听完之后，我只觉得罗子的眼光确实很好，小酒确实是有值得被爱的理由。

她值得被爱不是因为她有多美丽、多热情，也不是因为她多温柔、多优秀，而是因为她明白，爱别人之前，先得学会爱自己。

因为她足够爱自己，所以，她不会在爱情里迷失自己；因为她足够爱自己，所以她会坚守自己的原则，既不会将自己低到尘埃里去仰望对方，也不会用道德责任去绑架一段感情。

她从灵魂深处认可自己，拥有独立的人格。她能够依靠自己的力量，让自己变得足够优秀，也能够坦然地接受别人的好，并以自己的方式回馈给对方。和这样的姑娘谈恋爱，本身就是件很愉悦的事情。

叔本华曾经说过，说“我爱你”的人一定得先有一个完整的“我”字，倘若没有“我”字，“我爱你”也就不存在了。亲爱的姑娘们，请在爱上别人之前，先学会好好地爱自己；在爱上别人之后，也请别迷失自己。爱情本应该是件让人觉得愉悦的事情，所以，千万，不要为了所谓爱情，让自己变得狼狈，变得连自己都看不起自己。毕竟，如果连你自己都不爱自己了，你又指望谁能爱上这样廉价的你呢？

无接纳，不婚姻

01

林说，他和若若分手了。

我吓得差点从高脚椅上掉下来。

要知道，当年在大学里，林和若若那简直就是一众情侣的典范。男的儒雅帅气品学兼优，女的肤白貌美温柔体贴，最重要的是，他们情投意合，好得恨不得黏在一起，走路自带光环，方圆五里的单身汪都被治愈了。

我们几个曾经暗地里下赌注，说他们熬不过大四分手季，结果，人家大学毕业后异地恋也照样你侬我侬，虐得我们这一众单身汪只能愿赌服输地掏钱请客。

而如今，这对模范情侣居然要分手了，我只觉得有种末日来临的既视感。

战战兢兢地陪着林喝完了半小时之后，我才从他语无伦次的话语里理出头绪。原来，一切都是工作惹的祸。

大学时代，林学的是土木工程，毕业之后，他自然而然选择了进入专业对口的施工企业工作。因为工作性质的缘故，他必须长年跟着项目四处漂泊，以至于和在南京工作的若若长期分居两地。刚刚开始的时候，若若还能支持林的工作，然而这种聚少离多的日子多了，若若渐渐地就有了怨言。情绪积压多了，终于在半个月前彻底爆发。若若对林下了最后通牒，要么立刻转行，要么立刻分手。若若说，虽然林对他真的很好，她也很爱林，可是，她着实无法接受这样的异地恋。

林说，他真的很纠结，他是真的很爱若若，也真的很爱自己的专业。如果不转行，这段六年的感情转眼就要这样破裂了；可是如果转行，那么自己在大学里规划的发展路线将会完全被打乱，之前的努力可能全部泡汤，他将要站在一个新的起点，重新去和朝气蓬勃并且专业对口的应届生去争那一点点资源。不说毫无优势，就说要重新适应一个他未必喜欢的新行业，没个三五七年，也难以站稳脚跟，更别提给他们未来的生活提供有力的经济保障了。

其实，作为一个同在建筑行业里打滚的人来说，我很能理解林的心情。这就像《剪刀手爱德华》里的那句台词一样：拿起刀我就无法拥抱你，放下刀我就无法保护你。让人很心酸却也很无奈。

最后，林问我："阿宸，你说，我到底该怎么办呢？"

我认真地想了想，还是决定顶着被林揍一顿的压力，实话实说。

我拍了拍林的肩膀，一脸诚恳道："老大，其实我觉得吧，与其你自己在这里纠结着怎样两全其美，不如你再去找若若好好谈谈。和她说说你的理想，说说你的无奈，说说你的处境，看看她能不能接纳。

毕竟，你的温柔体贴是你的一部分，你的工作同样也是你的一部分，如果若若她真喜欢你，就不能只喜欢你的优点，却不愿意接纳你工作带来的不便啊。”

“老大，不是我坑你。我只是觉得，比起在这里借酒浇愁，你还不如冷静下来好好和若若谈谈，如果若若真的只顾自己不肯接受你的全部，那么你可能要重新考虑下你们的关系了。毕竟感情这东西，没有理解和接纳，凭单方面的妥协和迁就终究是走不长久的。换个角度，即便你真的愿意牺牲自己转行陪她待在南京，到时候她嫌弃你收入不高养不起她怎么办？”

02

我们从很小的时候就知道，这世上没有十全十美的事，更没有完美无瑕的人。生而为人，优点和缺点就像明与暗一样不可分割。但是，正是这一系列的优点缺点，才组合成了我们这一个个独一无二的人。所以，如果你真的认定了一个人，想要和他相守一生，那么你就必须从内心深处完全接纳这个人的全部。如果你接受不了他的缺点，那你自然也没有资格享受他的优点。

这本是一个很显而易见的道理，可是，不知道为什么，现实生活中，明明不完美的我们却总是希望自己的另一半能够十全十美，只希望能够肆无忌惮地享受对方优势所带来的便利，却不愿意接纳对方的劣势所带来的不便。

要知道，恋爱乃至婚姻的基础是接纳和尊重，如果只是一方始终无条件地付出，一方始终无条件地索取，纵然再深厚的感情，到头来也抵不过年深日久的挥霍。

如果你们真的决定选择彼此，那么，首先，你们应该学会的就是接纳彼此，好也罢，坏也罢，顺境也罢，逆境也罢，只有从内心深处接纳了，在未来遇见风雨的时候，你们才能够紧握彼此的手，一起面对所有的挑战。

03

今年六月的时候，我去了趟杭州。

在长达五个小时的动车之旅中，我很幸运地结识了一位学者。学者约莫四五十岁，儒雅博学，睿智谦逊，学者说，他这次去杭州，主要是去那里做一场针对家庭教育的演讲。

也是在闲谈之际，我才知道，原来，学者在不惑之年，为了追求本心，毅然决然地辞去了名牌大学教授的工作，转而投身于家庭教育行业。

对于学者的这般举动，说不惊讶那绝对是假话。学者的年纪和我父母相仿，所以，我很了解，在他们那一代人的思想里，稳定比什么都重要。在不惑之年，放弃已经端了大半辈子的铁饭碗，跳出体制和那一拨朝气蓬勃的年轻人去争那本就不多的市场资源，可想而知，学者当时做这个决定的时候所面临的压力有多大。

我弱弱问道：“对于您这决定，您太太支持吗？”

谁想学者爽朗一笑，半是得意半是幸福地告诉我说："当然，其实，如果不是当初她义无反顾地支持我，我还真下不了决心出来打拼呢。"

我一脸茫然，只觉得自己在不经意间被秀了一波恩爱。

学者说，他曾经在大学工作了18年，见证了许多本科生、硕士乃至博士研究生的故事。这些年的阅历，让他深刻地意识到，高等学校的教育主要在于专业教育，而非生命教育，而生命教育的源头在于家庭。然而遗憾的是，中国大多数父母并不是一个合格的老师。他们疲于创新，只是一味地继承他们父母的教育方式，却从没有想过，其实上一辈的教育方式早已经远远地被时代所抛弃了。所以，很多孩子在成长的过程中，在父母不恰当的教育方式引导下，本身的好奇心和创造天性被渐渐抹杀，成为一个个对学习产生倦怠感的标准件。

看得越多，学者越是心痛，也是偶然的一个时机，他遇到了年少时候的好友，两人在酒吧里喝酒聊天，无意之间就聊到了这个话题，两人一拍即合，但是当好友提出一同出去创业的时候，学者却犹豫了，毕竟，现在的他早已经不是一人吃饱全家不饿的毛头小子了，他有家庭的责任和生活的压力，再也不可能像年轻人一样毫无压力地撸起袖子不顾一切往前冲。

一连几天，学者都郁郁寡欢，太太看在眼里、急在心里，终于在一天夜里，太太哄着三岁的儿子熟睡之后，便来到书房，找他谈心。

那天晚上，他和太太说完自己想要辞职创业的事情之后，便默默地闭了嘴，等待着太太将这个想法扼杀在摇篮中。他等了很久，却没想到却等来太太的一句话。

太太说:“听心里所想的,做你想做的吧。”

他直接愣住了,接下来的时间里,太太坐在他的身边,和他一件件分析辞职创业之后家里会遇上的事情,然后,他们一起谈论,一起商量出对策,终于,在天亮之际,扫除了所有的后顾之忧。

那次之后,他们便习惯了有空的时候一起谈心,有一次,他们聊着聊着,就聊起了大学时代相识到相恋的过程。太太说,那时候选择他,便是看中了他的积极上进且儒雅温厚,虽然他有的时候优柔寡断又迂腐不堪,但是,就是这样好好坏坏的方方面面组成了这个世界上唯一的他,既然认定了,就全盘接受,谁让这个世界上只有这样一个独一无二的他呢?

说到这里,学者笑笑说,其实他太太说得不对,她那哪是接受他呢?她分明是从心底接纳了他的全部。

我微微一愣,很快,便明白了学者的意思。

接纳和接受,只是一字之差,却有着本质上的区别。接受是理智层面的,因为理智上的认同,所以理智上接受,这种接受很被动,带着不得已的情绪,一旦情感积压到一定程度,理智的防线很容易崩溃。而接纳却恰恰相反,从理智上接受,从精神上支持,将你的一切主动地内化,允许你以客体的身份,以你那独特的结构存在于我的内在。

很显然,接受是接纳的基础,接纳是接受的升华。如果说接受是理智层面的,那么接纳便是深入到了灵魂层面。我一直认为,仅仅从理智上接受的婚姻是走不长久的，能够携手走过风雨的伴侣，必然要从灵魂深处接纳对方。

04

写到这里，我不禁想起不久之前热播的一部电视剧《欢乐颂》里面的一个片段。

具体的集数我已经忘记了，只记得集数大约比较靠后，片段讲述的是，安迪不愿意自己随时可能发作的遗传性精神病拖累魏渭，向魏渭提出了分手，没想到魏渭不同意，安迪没有办法说服魏渭，便让他上车，随后，安迪以极高的车速开向停车场的边缘。停车场高耸入云，一旦跌落后果不堪设想，魏渭惊恐地大叫起来，在马上要接近边缘的一刻，安迪踩了刹车。

学者向我解释，魏渭说他不介意安迪的病，其实，他只是口头上接受而已，在他的潜意识深处，却从未真正接纳过安迪，甚至恐惧安迪随时发作的遗传性精神病，所以，才会在安迪试探他的时候，在接近死亡边缘的那一刻，惊恐地大叫，暴露出自己的内心。

但是，我们也不能去指责魏渭的口是心非，毕竟接纳从来不是一件简单的事情。从理智上的接受到精神上的接纳，必然要经过一些事情的发酵。然而遗憾的是，在这个速食的年代，很多人在恋爱的时候，仅仅达到接受的程度便草草步入了婚姻的殿堂，这直接的结果便是，在婚后发现自己无法忍受另一半的缺点的时候，很容易便产生了婚姻的裂痕。

其实，我一直很认同“无接纳，不婚姻”这个观点，毕竟，这个世界公平得很，它既不会把所有的好东西全部赐给一个人，也不会把所有的坏东西全部丢给一个人，有好有坏，才是一个真实的、有血有肉的人。所以，如果你真的想要和一个人步入婚姻的殿堂，那么，就请先问问自己，能不能接纳他身上让你觉得不舒服的地方；如果不行，那还是趁早放手。这既是对你自己人生的负责，也是对对方人生的负责。

你以为的老实，不过是他没见过富贵而已

01

元旦的时候，如心离婚了。

其实，对于这段婚姻，我们这一群人，从一开始就是各种不看好。原因无他，只是这个男人不论从哪个方面来看，都差如心太多了。

如心是个大写加粗的白富美，人长得漂亮，性格又好，家里还有钱，犹记上大学的时候，如心就经常用她那辆宾利载着我们到处跑，让我们这群穷鬼直接想要跪下求包养。

而她的丈夫，那个农村飞出来的凤凰男，又瘦又小，贼眉鼠眼，一年四季都穿着一件深色的衬衫，肩膀上总散落着雪片般的头屑，不论从哪个角度看，都是不知进取的臭男人一枚。所以，在当年那群追求如心的精英中，我们一致认为他是最没有竞争力的，但是，他们最后在一起了。

我们一直没有搞清楚如心究竟看上了他哪一点，直到后来一次聚会的时候，如心才给出了答案。

她说："我妈说了，男人不要找太帅的，也不要找太有钱的，找个

能够对我好的老实人，本本分分、平平淡淡地过日子就好。”

后来很长一阵子，我们各自拼搏，除了偶尔在群里冒个泡之外，我们已经很久都没有联系了。只是怎么也没想到，再次相聚的时候，竟然是如心要离婚了。

我们见到她的时候，她正坐在床上，哄着两岁的孩子睡觉，我们隔着门板往里望了一眼，昔日美丽的如心仿佛苍老了十岁，面容憔悴。

后来，我们才知道，离婚的原因是男人的背叛。如心结婚后，一家人对男人很好，不仅在市中心买了一套复式房作为两人的婚房，还在城郊买了一栋别墅，将男人乡下的父母和两个姐姐接到了城里。不仅如此，如心的爸爸还手把手地教男人经营之道，向自己的生意伙伴介绍男人，慢慢地还将手上的几个店交给男人打理。一开始，男人很争气也很上进，只是跟着如心的爸爸学了一年，便渐渐开始上道，不仅将如心爸爸的首饰店打理得井井有条，还以此为基础，又开了一家自己的店，生意蒸蒸日上。

就在她以为他们的日子会越来越好的时候，男人却出轨了。男人出轨对象是店里新来的年轻小妹，两人燕好之时，被正好来店里的如心抓奸在床。

见事情被撞破，男人也没打算隐瞒，一不做二不休直接提出了离婚，态度强硬，毫无回旋的余地。如心很绝望，如心的父母也出来怒斥男人的忘恩负义，但是男人的一句话却让所有人都愣住了。

男人说：“我忘恩负义？你知不知道我已经忍你们这一家很久了！

要不是因为我什么都没有，必须倚仗你们家的关系，你以为当初我会傻到去追求你们那个天真得可笑的女儿？”

我气得牙痒痒，忍不住爆了句粗口。

最后，如心泪眼婆娑地问我：“之宸，你说，我当初就是看上他的老实才和他在一起的，我爸妈也是因为他老实才全力帮他的，你说，他最后怎么会变成这样呢？”

“你居然到现在还以为他老实……”我翻了个白眼，叹了口气，“老大啊，你醒醒吧，他哪里是老实人啊，他分明就是个以一无所有为耻，却又不想靠着自己去奋斗，最后选择把爱情当作手段的渣男！”

02

刘墉很早就告诫过姑娘们说：“愈是没身份、没地位、没财产、没退路的男人，你愈要小心。”这样的人一旦得到自己想要的东西，往往会露出马脚，而那之后的可恨程度，简直能直逼人悬梁。

然而可悲的是，直到现在，还有很多娇生惯养的姑娘对这种一无所有的男人青睐有加，美其名曰“老实人靠谱”。

记得有一次我和一姑娘吃饭，谈及择偶标准，姑娘说：“我就只想找个对我好的老实人，有钱、有地位的男人都爱出轨，老实人最靠谱。”

我当时就反问了一句：“那你知道老实人是什么样的吗？”

然后姑娘一脸茫然地看着我，觉得我脑袋大概被门给夹了，“老实人就是老实人啊，哪有什么样的？就是看上去老实啊。”

当时我就特别无语，特别想直接骂一句，坑爹呢，你说的那哪里是老实，那很可能是憨，很可能是穷，很可能是没见过世面的无知！

03

我曾经在杭州游西湖的途中偶然遇见了一对老年夫妇。我见到他们的时候，他们正并肩坐在湖滨边的长凳懒懒地晒太阳，十指相扣，面带微笑，满溢的幸福让我一个路人都感觉要忍不住咽下几袋狗粮。

一番攀谈后，我才得知，这对夫妇相濡以沫，竟然已经携手走过了半生。

原来，这对夫妇从小便认识，他们的父母本就是商场上的朋友，两人更是青梅竹马一起长大，两家父母见两人情投意合，在他们还在上大学的时候，两家父母就开玩笑说，要不，毕业就完婚吧。两个小年轻听完羞红了脸，却谁也没提出抗议。

这本是一个可以写进童话本里的完美故事，可是偏偏这个时候，命运和他们开了一个大玩笑。

男方父亲的一次决策失误，让他们家一夜之间债台高筑，公司濒临破产。一开始女方的父母本着道义，还愿意向其伸出援手，然而，一连几个月，见男方父亲的公司非但没有起色，反而越陷越深，女方家庭终于绝望，开始撤资，连同原本说好的婚约，也再也没有提起。

回忆到此，老爷子笑着说，其实那时候，说不难过那绝对是假的，毕竟他是真的爱她，可是转念想想，比起继续陪在他身边，跟着他受苦，分手对于她来说，何尝不是一种解脱呢？这样想着，难过的心总算还是有了一丝欣慰。

他做好了离开她孤注一掷的准备，然而，让他意想不到的是，她竟然在这个时候不管不顾地来到了他的身边，甚至放出狠话，说她已经和家里脱离关系了，现在只能跟着他了，如果他真的什么都没了，哪怕去当乞丐，她都要陪着他，跟他过一辈子。

听到这里，我目瞪口呆，我面向那位老妇人说：“您当真是勇敢啊，他要真的一蹶不振，您怎么办？或者万一他富贵之后抛却糟糠之妻，您又怎么办？”

“我爸妈让我和他断绝关系的时候，我急都急死了，哪有空想那么多！更何况，我觉得，如果换作是他的话，他也不会想那么多。”老妇人笑笑，拍了拍旁边老爷子的手，说：“你别看他在生意场上混得风生水起的，可是啊，骨子里，他还是少年时代那个认死理的老实人。在他的心中，永远有着自己的一杆秤，该做的事情他会去做，不该做的打死都不会越线。虽说从小就因为老实吃了不少亏，但是，即使这样，他还是坚守着自己的是非观，坚守着自己的原则。既然是这样的人，我又何必要去怀疑、去担心那些莫须有的东西呢？”

我心里油然而生一种感动，那位老妇人不是不会担心，而是老爷子的人品让她根本不必担心。

对于这位老妇人，我由衷地感到羡慕。毕竟，人生在世，每天会和那么多人擦肩而过，但是人海茫茫中，能够恰巧和一位历经沉浮却依旧恪守本心的老实人相爱的人，又有多少呢？有些人，哪怕用尽一生的运气，也只能收获一个求而不得的结局吧。

但同时，我也真心觉得，这段幸福是老妇人应得的，毕竟，不是每一个女人都像她那样慧眼识珠，也不是每一个女人都像她那样勇敢和义无反顾。

那天，我陪着这对老夫妇在长椅上坐了很久很久，我至今还记得，那天的太阳很暖，他们的笑容很甜。

别用“孝”来绑架我

01

深夜，我改完稿子，刚拿起手机，便看到了喵喵的微信，一连串哭脸之后，是喵喵几乎崩溃的语音：“老大，救命！我都不知道该怎么办了——”

我吓了一跳，还以为在我开飞行模式的时候发生了什么惨绝人寰的事情，于是，火急火燎地一个电话回拨过去，就听着电话那头喵喵抽抽搭搭的声音，她语无伦次地说了半天，我才理出了事情的原委，得，又是一个被逼婚的。

原来，年初的时候，喵喵因为工作关系，认识了一个不错的男生，两人很聊得来，几个月后，终于确定了恋爱关系。恋爱半个月，喵喵的老爹觉得差不多了，就开始花式催促喵喵结婚。刚刚开始，老爹还说得比较委婉，见喵喵总是回避，终于忍不住把话挑明了，要喵喵给个明确的答复。

这下轮到喵喵犯傻了，毕竟结婚是大事，她和男朋友从认识到现在还不到一年的时间，对彼此还没有足够的了解，在她看来，两人的感情好虽好，却远远没有到达结婚的地步，更何况，刚毕业两年，喵喵的事业刚刚起步，男朋友那边也才刚刚买房，无论从经济角度还是感情角度，现在结婚都不是个明智之举。

喵喵将自己的想法告诉老爹，试图和老爹进行沟通，可是没想到，她话还没说完，就被老爹打断。老爹指着喵喵的鼻子开口就骂："养你这么大，还不赶快趁着老人健在把婚结了，让老人也享受把膝下之福。"喵喵还想说些什么，结果老爹就简单粗暴地扯出"孝"字大旗，告诉喵喵说，现在不结就是不孝。

这一下可把喵喵唬住了。喵喵从小家教甚严，以至于在我们姐们几个纷纷长歪的情况下，恪守本分长成了一个温柔贤淑的二十四孝乖乖女。而乖乖女最大的死穴之一，就是"孝"。所以，喵喵老爹一拿"孝"说事，喵喵基本没辙。

最后，喵喵问我："老大，你说我是不是真该听老爹的话，去结婚啊？"

"结毛线啊！"我毫不留情地反驳道，"结婚是你自己的事儿，你觉得时候不到就是时候不到。更何况，结不结婚和孝不孝根本没本质关系。你老爹说你不结婚就是不孝，我还觉得你老爹这样不顾你的主观意愿，扯着'孝'字大旗说事的行为，是一场以孝为名的道德绑架呢！"

02

其实，生活中像喵喵这样的人肯定不少。中国父母就喜欢拿"孝"说事，仿佛我生了你、养了你，我就对你有恩，就可以理所当然地站在一个道德的制高点要求你对我唯命是从，我说向东，你绝不能向西，否则就是不孝。

诚然，父母生了我们，并且花费了大量的时间精力将我们养大，他们确实不容易。但是，事情总有两面性，虽然父母给了我们生命，给了我们一个去见识这个五彩斑斓的世界的机会；但是同样，父母也在并没有问过我们是否愿意的情况下，就把我们带到这个世界，让我们不得不面对生命中的苦难。虽然父母花了大量的人力物力养育我们成长，但是同样，在我们成长的过程中，他们也收获了相应的成就感和自豪感，不是吗?

我这样说，并不等于父母对子女的付出是理所当然的。说实话，即使父母是自愿养育我们，他们终究也为我们付出了很多。对于他们，孝该有，只是，绝对不能是言听计从的愚孝。

我一直认为，这世上每个生命体都是独立的，父母和孩子，说到底也是两个平等的个体，传统道德里的父慈、子孝，说到底也不过是一种因果循环。在孩子小的时候，你对他好，给他提供了良好的教育以及舒适的成长环境，让他形成了一种正确的价值观，他发自内心想感谢你，看到你过得不好就不舒服。这是人的本能，也是你教育的结果。所谓血缘关系、宗族纽带、传统道德，用这种东西来绑架人是不讲道理的。

真正的孝，应该是一种基于自身价值和互相尊重的前提的感情回报，毕竟，在孩子小的时候，父母有权利选择你自认为对的方式对他进行教育，那么待孩子长大之后，他自然也有权利选择他认可的方式来孝顺父母。

03

今年九月的时候，我带着老妈去了趟南京。

最开始做这个决定，除了老妈本身对南京这个六朝古都有着超乎寻常的执念外，其实，我还自私地带上了一丝逃难的目的。

那阵子，我的七大姑八大姨们跟约好了似的齐齐向我发难，催我结婚。几个月内，我听遍了各种理由，像什么“不趁着现在结婚，等年龄大了，就不好找了”，什么“你哥像你这么大的时候，孩子都能打酱油了”，什么“不孝有三，无后为大”，林林总总，还不带重样的。而且，她们自己操心就算了，还怂恿我妈向我逼婚，虽然我妈并没有直截了当地加入敌方战壕向我发难，但是，看着老妈日渐意味深长的目光，我第一次切身体会到了中年妇女的恐怖。

于是，在一个风和日丽的早上，我请了年假，拎着行李，两张机票，带着感觉快要倒戈的老妈直接飞到了南京，彻底离开了那群七大姑八大姨云集的是非之地。

本来是想着在旅途过程中，和妈妈好好谈谈自己对婚姻的看法的，可是我没想到，我妈对于这场旅行表现出的热情，远远地超乎了我的意料，从领登机牌开始，老妈就一改往日高贵冷艳的形象，像个少女般叽叽喳喳，愣是把我惊得都不知道怎么开口。

我们在南京待了四天，我带着老妈逛了夫子庙，游了秦淮河，走了明孝陵，爬了中山陵，逛了总统府，去了狮子桥。其间，我一直找机会想和老妈谈谈，奈何，老妈的兴致太高，一路上像个孩子一样对周遭各种景物表现出极大的好奇心，于是，我只能认命地担起了人形

ATM 机兼搬运工的角色。

直到最后一天，我们来到此行的最后一站——南京长江大桥的时候，我基本已经对自己的目的绝望了。

然而，令我意外的是，当我们走在南京长江大桥上的时候，老妈突然和我说："之宸啊，你是不是有什么话想和我说啊？"

我有些心虚地说："没啊，就是单纯地想带你来玩玩啊。"

老妈笑道："算了吧，你长这么大了，每年都要跑几个地方，也没见你什么时候带着我出来过，怎么偏偏这阵子，你阿姨她们一催婚，你就火急火燎地带我出来了？无事献殷勤，非奸即盗。"

我哑然，顿时有些羞愧，果然知子莫若母，老祖宗诚不我欺。

我在心里酝酿了下，还是决定实话实说："妈，这一阵子，我也想了很多。我觉得我自己年轻，人生才刚刚开始，还有很多想做的事情，也还有很多想看的风景。现在的我，心根本定不下来，也根本没那个觉悟和担当去承担一个家庭赋予我的责任。这个时候如果结婚，那不仅是对自己的不负责任，更是对和我结婚的那个人的不负责任。"

"更何况，我觉得阿姨他们说得一点都不对。"我破罐破摔了，"我认为，时代在进步，孝的方式也该与时俱进。如果结个婚就代表孝顺了，那结了婚然后把爹妈丢在乡下不管不顾的人不也算孝子了？在我看来，孝这玩意儿，首要是心意，其次才是形式。如果为了所谓的孝，为了符合爹妈心中的价值观，放弃自己心中真正的渴望，平庸而苍白地过完一生，这种以孝为名的自我绑架，才是对生命最大的辜负，才是对赐予我们生命的父母最大的不孝。"

老妈沉默了许久，看着我的脸，欣慰地笑了，“之宸，你好像真的长大了，有自己的想法了。其实，你阿姨们的说法，在我看来是没有错的，毕竟，当我像你这么大的时候，你的外公外婆也是这么告诫我的，这是我们这一代人的活法，也是我们所尊崇的孝道。”

我心里凉了大半，完了完了，计划宣告失败，我现在利用手头上的积蓄跑路还来得及吗？

我还在心里哀号着，谁想老妈突然话锋一转，续道：“当年，我一直觉得你外公外婆所说的是正确的，也认为只有这样才是真正的孝。我忽略了心底的声音，按照这样的方式生活了几十年，却没想到，最后把自己困住了。我的人生已经过了大半，而今是我第一次出省，想想，也是蛮悲哀的。”

我哑然，就听老妈继续说道：“说实话，那些天，我确实有想过和你阿姨们一道说服你，毕竟，这些年你真的太飘了，我想让你早点结婚，安定下来。但是，现在我改变主意了。”

老妈看着滚滚长江，若有所思，“我现在总算明白了，为什么你这么喜欢去旅游，或许真的如同你所说的，同一种景色看多了就麻木了，以为那就是自己的全世界，却没想过，原来这世上还有太多的风景是我没有见过的，原来世界远远比想象的要辽阔。”

“之宸，我不否认你阿姨们的想法，但是，我同样觉得你说得也对。时代不同了，你们年轻人有自己的想法，我虽然不是很理解，却也希望你能过得好。阿姨那边你不用太担心，孝的问题，她们说的不算，我说了才算。你说得对，你把自己的人生过好，不辜负我给你的生命，就是对我最大的孝顺。”

我鼻子一酸，差点没掉下泪来，突然间，由衷地感到一种庆幸，也是那时候，我下了决定，我不能只顾着让自己去看这个世界，也要带着老妈一起看看这个世界。

04

其实，现在想想，之所以会发生那么多以“孝”为名的道德绑架和自我绑架，究其根本，是因为我们和父母终究活在两个时代。时代的不同，造成两代人价值观的不同，当看待同一件事情的时候，价值观的冲突不可避免。有些在父母那辈人奉为金科玉律的东西，在我们看来其实是荒唐至极；有些我们认为很正常的东西，在父母看来却成了百分百的离经叛道。这是两代人价值观不同所造成的，但是，价值观这东西，本就没有对错之分。

所以，我认为，当两代人由于价值观冲突而引发矛盾的时候，最好的解决方式，是通过沟通交流，争取达到合理地相互妥协。当然，这是和谐的方法，同样也是一种最理想的状态。现实中类似的冲突，更多的都是以不那么和谐的方式收场。毕竟，价值观是在成长过程中慢慢形成的，要改变真的不是件容易的事。

尽管如此，我还是坚持顺从本心。孝，本质在心，心意到了，方法也只不过是个形式。除了唯命是从，你还有很多方法向父母表达你的孝意。你可以带着父母旅游，让他们看看他们没看过的风景，也可以教父母用各种新潮的APP，让他们跟上时代的潮流，这些都是孝的

方式。社会在进步，孝的方式也该与时俱进，让自己被几十年前的旧理论所束缚，然后再用“孝”的名义感动自己，看似很伟大，其实最愚蠢，也最不负责任。

愿你不再被孝绑架，也愿你不要用孝来绑架自己。

别在最应该磨炼的年龄里，忙着恋爱

01

年前，我和迷子见了一面。那时的她，穿着邋遢，从前总是亮晶晶的眸子，如今彻底黯淡了下去。说实话，见到她那一刻，我实在不敢相信，这个满面风霜的大妈，竟然就是那个比我还小半岁的姑娘。

迷子是我的发小，我们的爹妈本来就是朋友，我们在很小的时候就玩在一起了。我还记得小学时，以《流星花园》《那小子真帅》为首的偶像剧风靡一时，很多姑娘看了之后开始憧憬那份美好的爱情，一心想要邂逅一个完美的男主，谈一场轰轰烈烈的恋爱。而迷子便是这群姑娘中的一员。

我还记得，迷子的初恋是在她五年级的时候。那时候，我们班上转来了一个长得相当帅气的男生，这两个人一下子就看对眼了，你侬我侬了很长一段时间，后来，不知怎么的就分了手。

也不知道是不是这段感情给迷子带来了什么影响，反正在那之后，迷子就开始了花式恋爱。从小学到初中再到高中，这姑娘把自己最美好的年华，全部奉献给了传说中的所谓爱情。在高三那年，这姑娘在网上认识了一个比她大了十多岁的电焊工。两个人第一次相约见面的时候，这姑娘就稀里糊涂地交出了自己的第一次。

后来没多久，迷子便怀孕了，那电工还算是个有担当的人，知道了这件事后，次日就带着多年攒下的三万块钱作为彩礼来到了迷子家，说要娶迷子为妻。

也是在这个时候，迷子的爸妈才知道迷子交往的对象是个什么样的人。那个电工出生农村，小学没上完便辍了学，早早地进城打工，如今，工作了十几年了，才攒下三万块钱。电工说，那三万块钱是他的全部家当了，他想用这个来娶迷子，希望他们能够成全。而迷子也在一旁帮腔，说此生非电工不嫁了，如果父母不同意，那她就带着肚子里的孩子一起去死。

事情到了这个份上，迷子的爸妈是真的无话可说了，他们看着这个比自己女儿大了十多岁的男人，还有那个口口声声以命相胁的女儿，那心情真的是五味杂陈。

最后，斗争了好久，迷子爸妈只能选择了妥协。我还记得，婚礼那天，迷子的妈妈都快哭了。她咬牙切齿地和我说，小宸，你可千万不要学迷子，小孩子该读书的时候就给我好好念书，该考大学就给我好好考大学。迷子现在这么小，就忙着谈恋爱，忙着嫁人，以后总有她哭的那一天！

不得不说，有些时候，爹妈作为过来人，在某些事情上看的终究会比年少的我们更远一些。迷子的第一个孩子，出生在我大一那年。那娃娃出生的第二天，我还特意和辅导员请了半天假，去医院探望刚刚分娩的她。我到现在都还记得，那天，我才刚刚走到病房门口，就听到里面一阵乒乒乓乓摔东西的声音，紧接着，一个泼妇模样的人从病房里面骂骂咧咧地走了出来。

后来，我才知道，原来那个泼妇模样的女人，是迷子的婆婆，她嫌弃迷子怀孕期间，吃了他们家那么多好东西，最后却生了个女儿。却不知道，迷子为了这个孩子，吃了多少苦，受了多少罪，甚至到最后连高考都放弃了。

再后来，迷子出了月子，没有文化、没有一技之长的她，就只能宅在家里一边带孩子，一边继续给婆家生儿子。

我大三那年，迷子的第二个孩子出生了。不幸的是，这一胎又是个姑娘。这下，不仅迷子的婆婆彻底炸了，就连迷子的丈夫也开始有了怨言，他开始各种嫌弃迷子，说她是个要断他们家香火的赔钱货。

从那天起，迷子的丈夫渐渐不回家了。时间久了，一些风言风语传进了迷子耳朵里，迷子知道，丈夫外面有了人。她想过离婚，可是终究没有勇气说出口。毕竟，经历了这么多事情的迷子，再也不是当初那个单纯无知的小姑娘了，如今的她早已触摸到了生活的艰难和世态的炎凉，她也知道，如今，一没谋生手段，二没一技之长的自己，不过只是一条依附丈夫而活着的可怜虫，而这样的她，是根本没有底气和丈夫提离婚的。也正是因为这样，丈夫才会肆无忌惮地出轨，婆婆才能趾高气扬地对她发脾气。

可是，这些又能怪得了谁呢？毕竟，当年是她不顾父母的反对，铁了心地要嫁这个男人，当年也是她执意要放弃高考，放弃前程，一

门心思扑进爱情的旋涡里，一心一意地要为这个男人生孩子的。所以，她怪不了别人，说到底，也是自己曾经的年幼无知，才造就了如今自己的卑微。如今日日夜夜的精神凌迟，也是她为曾经的任性付出的代价而已。

那天的最后，迷子很是苍老地和我说：“之宸，活到这把年纪，我算是活明白了。当年我妈说的，真的一点儿都没错。所谓生活，真的是苦甜交织的。你要么选择先苦后甜，要么就选择先甜后苦。”

“我当年选择了先甜后苦，如今，我也已经把最初那点日子上的糖衣彻底吃光了。剩下的那些，属于我的漫长未来，也只有无边的苦海和一眼望到头的绝望了。”

说到这里，迷子很是惨淡地笑了一下，方才续道：“所以说，出来混总是要还的，你今天有多闲，明天就有多苦。之宸，你千万不要步我的后尘。你还年轻，这时候就应该拿去提升自己，好好修炼一技之长，而不是像我这样，在最好的年华里去谈什么劳什子恋爱，在最应该磨炼的时候，去嫁什么人！”

02

说实话，那天和迷子分开之后，我的心里是真的很不好受，毕竟，和我说出那样沧桑的话的迷子，说到底，也还是个比我还小上半岁的妹妹。

很早以前，我就曾经在微博上看到这样一段话：如果你最好的年纪，都浪费在谈恋爱上，每天心里只惦记着男朋友在干吗，他是不是真的爱你，那么，你就要做好过——二十五岁和一个差不多男孩子凑合结婚，三十岁买不起自己的房子去求父母帮忙付首付，四十岁每天提心吊胆查老公手机看他在外面是不是有别的女人——的日子的准备。

其实，后来仔细想想，这话说得还真的没有错。毕竟，大多数时候，生活是真的残酷，而爱情也是真的势利。没有安身立命的本事，想要依靠别人来生活，那么你就得让出自己的人生主宰权，你就要面对以后今后漫长人生中无数次的忍气吞声。

毕竟，这世上永远没有免费的午餐，所有你曾经浪费了的日子，终有一天是要你用泪水来偿还的。你是女孩子，你的人生本来就要面对更多的艰难，所以，你更应该在最好的年华里，好好提升自己，磨炼自己的一技之长。你得明白，人这一生，不仅仅只有爱情这一件事情，做最好的自己，你才有可能遇见最好的别人。

03

我曾经认识一个特别厉害的姐姐。

那个姐姐出身很好，见多识广，家境殷实。年轻的时候，去美国进修读研，读完研究生之后，便回了国，凭借着自己的实力，在一众竞争者中脱颖而出，成为电视台的一名记者。

我遇到她的时候，正是她最纠结的时候。那时候，她好不容易争取到了一个公派的名额，能够去她最想去的拉丁美洲，这本是一件很好的事情，可是，这件事情却遭到了家人们的强烈反对。

理由无他，只因为这次公派的任期是三年，而她当时已经二十七岁了。她的家人们希望她能够尽快结婚，毕竟，女人的青春真的耽误不起。

她和我说，本来家里人给她安排了一个相亲对象，那个男人家境不错，和她也算门当户对。两个人谈了一段时间的恋爱，虽然没有什么心动的感觉，但若是真的嫁过去的话，至少物质上不会委屈了她。唯一的问题，只有她不甘心。毕竟，这次公派的名额是她好不容易才争取到的，她是真的想去拉丁美洲看一看。

然后，我就说，如果你真这么不甘心，那你就去追梦吧，如果一个男人真爱你，等个三年，用这三年去努力、去成长，也不是什么困难的事情。

那天，我们聊到了很晚，后来没过多久，她就和男朋友分了手，决然地选择了去国外磨炼。给她践行的那个晚上，我们一起喝了很多酒，最后，她和我说，之宸，我要走了，如果三年之后姐姐真的没人要了，你得负责给我找男人啊。

我说，行啊，到时候给你找一个加强连，挑花你的眼。

再后来，她一个人在外边，用了三年的时间，走遍了整个拉丁美洲。那三年，她一边工作，一边采访，一边写稿，学到了很多东西。

终于，三年任职到期，她又回到上海，整个人脱胎换骨。那一年，她辞了职，出了书，开起了自己的公司，然后，邂逅了自己的真爱。

前些日子，那个姐姐结婚了，男方和她一样，也是个自主创业的企业主。他们相遇在一次交流会上，一见倾心，再见钟情，于是，便顺理成章地走到了一起，领证结婚。

婚礼那天，我受邀出席。看着那位姐姐身着雪白的婚纱，美得就像个误入凡尘的仙子。她站在他的身边，两个人当着所有人的面，许下最庄严的誓词。那一整天，她都笑得很纯粹，我想，那或许就是嫁给爱情的样子。

后来有一次，我们聊起当年的事情，她和我说，至今，她都很感谢二十七岁那年那个倔强而顽固的自己。她说，幸好她没有顺从父母的意愿，违背自己的本心，委屈自己嫁给一个合适但是不爱的男人。她说，幸好在那个一生一次的最好年华里，她选择去磨炼自己，去提升自己，去做了自己真正想要做的事情。因为这么多幸好，才让她终于脱胎换骨，走到了今天的高度，遇到了一个真正心心相印的男人。

那天的最后，她和我说："之宸，过了这么多年，我算是明白了，人这一生，除了爱情和婚姻，还有很多值得追求的东西。你要是把爱情看得比天大，那样你的世界就小了，你把提升自己看得比什么都重要时，那么，或许你梦想中的人就来了。"

"你还年轻，我也希望你能够在自己最好的年华里好好修炼自己，在没有遇到真爱之前，你要努力爬得更高，这样才能在爱情到来的时候，勇敢而坦然地去迎接它。"

04

其实，很早以前就有人说，女人是感性的，男人是理性的。现在想想，这句话确实相当有道理。在爱情这件事上，女人总是没有理智地付出一切，以为这样就能换来一份感天动地的感情，以为这样就能和伴侣共度风雨携手白头，一起奔赴一个完美的未来。可是，现实却往往难以如愿。

生活真的有其残酷的一面，王子救赎灰姑娘的故事永远只存在于童话。

这个世上，结婚很容易，但是能够白头偕老，却一点儿也不容易。能让男人心动和尊重，能够和男人携手走到最后的，永远是在物质与精神上都保持独立，与他势均力敌的女子。

所以，亲爱的姑娘啊，在你最好的年华里，千万不要只顾着谈恋爱。与其为了恋爱放弃所有，不如，先努力让自己成为值得爱的人。毕竟，人这一生关键就那么几步，你一步踏错，虽说不一定就是万劫不复，但若是以后想要补救，势必要付出比最初多几倍的时间和精力作为代价，而且最终，还不一定能够补救地回来。

所以，最好的办法，就是在一开始就好好珍惜自己，不要辜负自己只有一次的生命。

好姑娘，你真的得像一无所有一样去努力赚钱

01

深夜，我窝在床上看书的时候，手机提示音突然响了几声，拿起手机一看，原来是微博上有人给我发了私信。

我好奇地点了进去，在认认真真地看完那段长长的私信之后，我终于将事情理出了个大概。

给我发私信的读者是个刚满二十六岁的姑娘。姑娘说，她是体制内的一名在编人员，工作内容很单纯，每天上班之后开个电脑，收个文件，再发个邮件，她这样浑浑噩噩地过了整整四年，工资也一般，本以为自己会就这样继续过完一辈子。可是就在最近，她却因为一件事情，突然开始焦虑了起来。

事情的起源，是姑娘的妈妈给她介绍了一个相亲对象。那个男孩其貌不扬，家境普通，和姑娘约会的过程中，完全不在乎姑娘的喜好，只是一个劲儿地说着自己喜欢的游戏动漫、抖音快手，而当姑娘问他，关于未来的规划和前程的想法的时候，那个男孩竟然毫不留情地说了姑娘一句："势利！"

姑娘说，那次相亲简直堪比一场噩梦。她和他聊了不过短短半小时，却让姑娘觉得无比心寒。她甚至都已经可以想象出和这样的男人在一起，未来该是怎样的绝望。

那天晚上，姑娘回到家之后，就和妈妈说，她不满意这个对象，不想和他继续下去了。她本以为她妈妈会支持他的决定，却没想到她妈妈直接回了她一句："有啥好嫌弃人家的？你自己不也是这样的人吗？要我说，你要不就试着和人家处处呗。这小伙子虽然长得不咋地，可能也没什么品位，可是人家家里有房有车，还是独生子，嫁过去委屈不了你的。更何况你都二十六岁了，就你这条件，再这样挑挑拣拣下去，以后遇到的可能还不如这个。"

姑娘听完妈妈的这番话，瞬间就懵了，她实在没有想到自己在妈妈心目中竟然是这个形象。

那天晚上，姑娘独自一人进行了深刻的反思，虽然她知道，她妈妈说的这番话，从本质上来说，一点儿也没错，然而，不知为什么，这些话就像把钢刀一样直直地扎进了姑娘的心里，那一刻，她就是觉得很难以接受。

最后，那姑娘问我，之宸，我现在真的特别迷茫，也特别焦虑。我不喜欢现在的生活，也不想在婚姻里将就，我想要改变，可是我又不知道该从何下手。你说，我现在到底该怎么办呢？

我想了想，给那姑娘回了这样一段话：我觉得，现在的你，与其浪费时间去迷茫、去焦虑，倒不如把这段时间利用起来，好好努力，去磨炼自己的一技之长。然后，靠着自己的能力，像一无所有一样去努力赚钱。只有在经济上高过别人，你才可以压制别人对你的不公正评价，拒绝受到不公正对待。

02

当我在念书的时候，我也曾经听过很多类似“努力无用论”“女人嫁人才是王道”的论调。他们极力否定努力的意义，尤其是一个姑娘努力的意义。他们的价值观里，女人生来就是为了嫁人生子，就算再怎么努力，到最后还是要回归家庭；对一个女人来说，在最好的年华里，努力钓个好老公比什么都重要。

我在这种思想的荼毒中过了很多年，直到大学毕业，真正地踏入社会之后，我才明白，这些话简直就是扯淡。且不说优秀的男人喜欢能和他比肩的同样优秀的女人，也不说真正能走到最后的婚姻，必然是势均力敌的两个人。就算你真的貌美如花，就算他真的一时眼瞎，你老是这样攀附着他，依靠着他来养活，早晚有一天他会厌倦，会想要丢掉你这个包袱，到那个时候，你才是真的什么都没有了，那才是真正的绝望。

03

美美是我在大学遇到的一个姑娘。

我认识她的时候，还是在几年前。那时候，她在一家外企上班，拿着一份不高不低的薪水，谈着一场不温不火的恋爱。她和男朋友相恋三年，本来已经到了谈婚论嫁的地步。可是偏偏在快要结婚的时候，男方劈腿了。

那一阵子，美美很伤心也很痛苦，可是，唯独没有的就是崩溃。她很果断地和那个负心汉分了手，然后化悲愤为力量，全身心地投入到了工作当中。那一阵子，她简直就是个工作狂人，上班时间拼命工作，下班之后努力看书，还开了一个公众号，利用睡前空闲时间写文章。

说实话，那段时间，美美的那股狠劲儿，连我一个旁观者都看得佩服不已。可是她却仿佛还觉得自己太闲一样，在闲暇之余又给自己报了个注册会计师的培训班，利用周末时间，去上课、去学习、去提升自己，去磨炼一技之长。

这样忙碌的生活，一过就是两年，两年之后，美美整个人脱胎换骨，她不仅拥有了一批忠实的读者，出了自己的第一本书，还一次性通过了注册会计师考试，跳槽到了一家知名会计师事务所。如今的她，自信、体面，月入三万的她早已经走到了一个新的高度，和两年前判若两人。

前一阵子，我见到她的时候，她刚刚买了房子，靠着自己的积蓄付了首付。她看起来是那样的神采奕奕，在谈起那段失败的感情的时候，她再也没有了最初的痛苦，更多的是一份坦然和释怀。我看得出来，她是真的已经从那段感情里走出来了。

那天的最后，她和我说了这样一段话："之宸，经过了这么多事情，我算是明白了。一个人，尤其是一个姑娘，一定要像一无所有那样努力去赚钱。因为很多时候，钱真的能改变很多东西，就算它不一定能够让你立刻过上你想要的生活，至少它可以让你远离你不想要的生活。"

“努力赚钱，在很多时候，是真的能够改变一个人的。它的变化不仅仅是钱的数字变化，更多地，是一份底气，是一个人由内到外的蜕变。在努力赚钱的过程中，你会学会妥协、学会坚持，你会学会更多为人处世的道理。在不断前进的过程中，你还会碰到同类，碰到真正值得爱的人。你不用再去刻意讨好另一个人，因为你有足够的底气。那些属于你的一技之长和赚钱的能力，是谁都夺不走的东西。”

04

我曾经在“知乎”上看到有人在问，为什么女孩子要努力赚钱？

其中点赞率最高的是这样一个答案：只有当你有钱了，你才有选择的自由和等待的勇气。当父母年老遭遇大病的时候，你才有机会尽孝；当你爱上一个优秀的人的时候，你才可以理直气壮地去追求让自己心动的爱情；当你碰到喜欢的东西，你才可以直接买下，而不是踌躇再三，却咬着牙离开；当你心情不好的时候，你才可以拎起背包，来一场说走就走的旅行，出门散心。

所以你看，这上面的每一种生活看起来都是那样的普通，可是不论是那一种，真要做起来，却一点儿都不便宜。

所以，姑娘，当你迷茫彷徨的时候，当你一点儿也不喜欢你现在生活的时候，当你不想在未来去将就自己的婚姻的时候，那你就去努力地挣钱吧。因为很多时候，钱能解决这世上 90% 的问题，而赚钱的过程，也能够给你带来真正的蜕变。

所以，在你被逼婚的时候，与其焦虑迷茫，不如像一无所有一样

去赚钱。只有你在经济上超越了那些逼迫你的人，他们才会在未来的日子里，放弃对你的思想灌输，尊重你的真实想法，学会与你和谐相处。

觉得男神高不可攀，是因为你还不够优秀

01

小雪和我说，她又失恋了。

对此，我的反应只是轻轻抿了口咖啡，然后淡定地“哦”了一声。

见我如此，对面的小姑娘立马就不淡定了，她站起身来，叉着腰，哭得通红的眼睛恶狠狠地盯着我，满腹怒气地嚷道：“阿宸，你怎么可以这样淡定？我可是失恋了啊！”

我翻了个白眼，忍不住腹诽道，老大，失恋算哪门子大事？更何况你这失的算哪门子恋，你压根连正儿八经恋爱都没开始好吗？

小雪是我表妹，比我小了三岁，正处于天真烂漫的大学时代。据我不完全统计，自打小雪进入大学以来，她已经暗恋过不下五个系草级别以上的男神了。然而，每一次当她好不容易鼓起勇气向男神告白，结果却无一例外地被人高冷地拒绝了。以至于小雪心灰意冷，跑来和我大吐苦水。

“阿宸，你说，我的男神们怎么就那么高不可攀呢，他们也不怕最后孤独终老？”

我在心里默默地翻了个白眼，吐槽道："老大，哪是人家男神高不可攀啊，明明是你不够优秀好吗？"

毫不意外地收到小雪幽怨的眼神一枚，我轻咳两声，放下咖啡，认真解释道："老大，你看看你喜欢的男神们，个个有钱又有颜值，他们随便往那里一站，就是一道亮丽的风景线。你喜欢他们，是因为他们本身够优秀。优秀的人，谁不喜欢啊？人家本身有资本，自然有挑剔的资格，你不想被拒绝，就得给人一个对你另眼相待的理由。那好了，我现在问问你，你觉得自己身上有什么地方是值得人家对你另眼相看的？"

小雪认真思考了半分钟，从最初的怒目而视，到后来的眼神游离，最后，她默默地挪回座位，如同泄了气的皮球一般摊在座位上。

"阿宸，那你说我该怎么办啊？"沉默了许久，小雪才冒出这样一句话。

"怎么办？这不是明摆着吗？"我挑挑眉，心里缓缓舒了口气，面上却故作严肃道："听过一句话吗？物以类聚，人以群分。你想要让那些高高在上的男神对你有所关注，你就得先让自己变成像男神那样优秀的人物，给他一个对你另眼相待的理由。"

02

在我们这个年代，"男神"这个词早就被玩坏了，有钱有颜值的被叫作男神，有钱没颜值的也被叫作男神，就连门口送快递的小哥只要长得帅一点也能被叫作男神。

其实，剥离那些光环，剔除那些不靠谱的男神，我们口中所谓的男神，说到底，也不过和我们一样，是两只手两只脚的普通人。他们之所以能够被冠上“男神”这个称号，无非是因为他们身上的某个闪光点，足以让他们从人群里脱颖而出，从而站在了一个比普通人更高的平台上，接受普通人的仰望。

但是，换个角度来看，如果你足够优秀，拥有某个闪光点，使得你也能够和他站在同一个平台上，那么对于你而言，昔日的男神也不过是一个普通人而已。很可能，有朝一日，当你站在比他更高的平台上的时候，你会发现，在你的男神眼里，你也是一枚值得他仰望的女神。

03

晓芸是我在写手圈里认识的一个朋友，我还记得五年前刚刚认识她的时候，她还是一个无人问津的小写手，然而，五年的时间，她已经蜕变成了一个小有名气的编剧了。

就在前几天，我应邀参加了她的婚礼。见到她的第一眼，我便大吃一惊。无论如何，我都很难将眼前这个美丽、端庄、时尚的女人和当年那个包子脸、大粗腿的女神经联系在一起。

在新娘休息室里，趁着她在补妆，我找了个机会，问出了心中的疑问。

我说：“晓芸，你是怎么在短短五年的时间里从女神经进化成女神的啊？”

晓芸认真想了想，眨眨眼睛，调皮地说道："大概是因为我有了想要追求的男神吧。"

也是在这个时候，我才知道，晓芸和她昔日的男神今日的丈夫郭子先生，是相识在五年前的一场相亲中。

那时候的晓芸，还是一个乱七八糟的女神经。蓬松的头发，圆圆的包子脸，浓重的黑眼圈，满脸的青春痘，穿着一条洗得发白的牛仔裤，套上一件白色的T恤，晓芸就这样风风火火地赶赴一场母亲安排的相亲。

她本以为这次又要碰上什么奇葩的货色，然而，当她来到约定的地点的时候，却在一瞬间被对面那个璀璨耀眼的绅士迷得呆住了。

晓芸说，她还记得那天，郭子先生穿着一套深蓝色的西装，打着条纹领带，西方人一般轮廓深刻的脸，漂亮得像是从油画里走出来一样。只一眼，便完全俘获了晓芸的少女心。那一刻，她觉得自己仿佛真的见到了幻想中的男神。

只是，接下来的相亲，于晓芸而言，却并不是一个很好的回忆。倒不是说郭子先生情商很低，恰恰相反，郭子先生真的是个优雅到骨子里的绅士，整场相亲，郭子先生一直在迁就着晓芸，拼命地找晓芸能够搭得上话的话题。但是，遗憾的是，无论是金融还是文学，无论是建筑还是投资，无论是时尚还是潮流，晓芸始终跟不上郭子先生的思维和品位。

完全在意料之中的，那场相亲最后不了了之。

晓芸说，她活到现在，从没有像那天一样后悔自己的人生。如果她平时能够少看一部韩剧，多看一本书，那么在和郭子先生交谈的时候，是不是就可以多一点话题；如果她平时能够不要那么懒，能够趁着年假的时候多出去走走，去看看这个世界，拓展自己的视野，那么，在面对郭子先生的时候，她的见识是不是就不会那么狭隘；如果她平时能够多去几次健身房，多看点时尚杂志提升下自己的品位，那么和郭子先生见面的时候是不是就不会那样尴尬……

太多太多的“如果”缠绕着晓芸，如果说之前的相亲她还可以把对方的拒绝定位为“相看两相厌”，那么和郭子先生的这次相亲，晓芸只能承认，自己确实不够优秀。

那次的相亲，给了晓芸很深的影响。也是从那时候开始，晓芸开始客观地审视了自己。她花了一天的时间，根据自己不满意的地方，给自己制订了一套全面的改变计划，而后的五年时间，她循序渐进地将计划步步落实。

首先，她花了一年的时间成功减肥，把原来肥肉横生的腹部硬生生地练出了马甲线。原来圆滚滚的包子脸，也在这次瘦身成功之后变得棱角分明，加上原本就扑闪扑闪的大眼睛，晓芸惊喜地发现，原来自己也可以如此清丽脱俗。

而后，她开始关注各种时尚杂志，留意上面的服饰穿搭，她本就聪明，没用多久时间，便成了一个时尚达人。

在年假的时候，她为了拓宽自己的视野，每年坚持走一到两个城市，感受风情，为自己的剧本积累素材。闲暇之余，更是拼了命地读书，金融、理财、投资，通通都有涉猎。因为本就有文笔垫底，加上视野的开阔以及各方面知识的融会贯通，很快，她便在编剧圈里打出了自己的一片天地。

上帝永远不会亏待一个认真努力的人。在一部短剧的拍摄中，晓芸竟然再一次遇上了郭子先生，只不过这一次，两人的身份不再是相亲对象，而是合作伙伴。

那次的合作很成功，作为导演的郭子先生和作为编剧的晓芸在很多问题上观点一致，短剧拍摄得异常顺利。那次之后，郭子先生开始主动地约晓芸出去，他们谈天说地，互为知己，对等的思想和眼界让他们总在不经意间碰撞出火花，经过两年的交往，他们终于确定了彼此，步入了婚姻的殿堂。

说到这里，晓芸有些感慨，她说，其实那次相亲之后，她本觉得自己这辈子恐怕再也遇不到第二个郭子先生了。毕竟，像郭子先生那样优秀的男人可遇不可求，她着实没有想过，命运竟然会在不经意间给了她如此大的惊喜。

晓芸问我："阿宸，你说我改天是不是得去月老庙烧炷高香，感谢月老让我们再续前缘？"

我摸着下巴想了想，煞有介事地点了点头，认真地说道："其实吧，要我看，比起月老，你更应该感谢的是这五年来拼命努力的自己。如果不是这五年来，你拼了命地提升自己充实自己，我想无论上天再给你们多少次机会相遇，最终都逃不过擦肩而过的结局。"

晓芸微微一愣，很快便明白了我的意思。

这个世界就是这样，不同的家庭、不同的成长环境造就了处于不同层次的人们，相对于比自己更低层次的人，人们更愿意选择同一等级或者是处于比自己更高等级的人们做朋友。因为处于同一等级，所以他们的思想、见识、谈吐、三观、处事能力才会对等，只有这样，他们才能够平等地交流，愉快地玩耍。

交友如此，感情更是这样。我很认同“门当户对的爱情才有下文，势均力敌的婚姻方可长久”这个观点。能够走到最后的爱情，两个人必然是平等的，这里的平等不仅仅指的是物质上的平等，更多地，是精神上的平等。就好比，你很激动地和她说，自己今儿看了什么书觉得其中的某个思想特别深刻的时候，她能回应你，说出自己的观点，然后你们一起讨论，最后将思想升华，而不是一个劲儿地和你说今儿哪个化妆品又在打折。

精神如果不在一个频道，两个人自然而然就会越来越没有共同话题，久而久之，就会变成了一个人弯着腰将就，另一个人踮着脚仰望，这样的日子久了，两个人都会身心俱疲，感情也就自然而然地散了。

所以，我认为，最好的感情，不应该是某一方是另一方的男（女）神，而应该是互为对方的男（女）神。物质上势均力敌，精神上旗鼓相当，只有这样，两个人才能从灵魂深处互相吸引，也只有这样，未来的风风雨雨中，两个人才能够互为后盾，携手共进。

04

写到这里，想起前几年看的一部电视剧——《杉杉来吃》。

这是一部根据顾漫同名小说改编而成的电视剧。其实，这些年，我已经很少看电视剧了，尤其是由小说改编而成的电视剧。我总觉得这类电视剧为了迎合观众的喜好，总是将好好的一部小说改得面目全非。但是后来，熬不过好朋友的大力推荐，我还是耐着性子去把这部电视剧找了出来。

事实证明，这确实是一部改编比原著好看的电视剧。

除却比较有质感的服装、背景之外，我最欣赏的，还是它的结局。

我还记得在剧版的结局中，因为杉杉表姐薛柳柳的前男友携款潜逃，为了填补被柳柳前男友带走的那一千万，杉杉和柳柳开了珠宝店，历经重重困难最终成了一个成功商人，而在这个过程中，傻白甜的杉杉也渐渐从一个被封腾保护着的小女人蜕变成了能够与封腾并驾齐驱的小商人，电视剧的最后，职场小白薛杉杉终于不用像小说中那样始终仰望着封腾，而能够平等地站在封腾身边，坦然地接受所有人的祝福。

如果杉杉和封腾像小说里一样，一方高贵一方仰望，就算真的在一起了，两人之间，不论是思想还是身份，都隔着天堑一般的距离。那样的婚姻里，封腾始终在弯着腰迁就，杉杉始终在踮着脚仰望，一方作为对方的神被高高捧着，另一方极力委屈卑微。就算封腾愿意无条件地宠着杉杉，杉杉也会天天患得患失，这样充满着忐忑和不安的婚姻究竟能够走多久，想必也是可想而知的。

所以，当你总是仰望你的男神或者女神，觉得他们怎么这样高不可攀的时候，你不应该总是自嘲没有机会追上他（她），反而应该把他（她）当成榜样，努力去追赶他（她），靠近他（她），让自己变得更优秀，让自己有朝一日也能够成为他（她）的女（男）神。即使在进步的过程中，你最终还是无法和她在一起，但是，充满希望的进步过程，才是生命中最迷人的部分。

先谋生，再谋爱

01

七月末的时候，我和小卡小聚了一场。

彼时，小卡刚刚离了婚，被生活的重担和职场的压力折磨得日渐憔悴，形销骨立的模样，再也看不出昔日女神的光彩活力了。

小卡是我的大学同学，也是当年我们系的系花，天生丽质，善解人意，偶尔撒娇发嗲，简直能酥掉人的一身骨头。

大学时候，追小卡的男生很多。而小卡也确实懂得利用自己外貌上的优势，在一众追求者里头，选了相貌堂堂、家境优渥又懂得拼搏的小牧，没过多久，两人便陷入了热恋。

他们一路顺风顺水地谈了四年恋爱，在大学毕业的时候，水到渠成地把结婚证给领了。

婚后，小牧在外打拼，而小卡便安心在家，如愿以偿地过上了富太太的生活。我还记得，那时候小卡每天的生活，除了买买买，便是旅游和美容，看得每天为前程和生计发愁的我们，只能各种羡慕嫉妒恨。

就在小卡日渐习惯了这样衣食无忧的生活时，生活却突然来了个急刹车。结婚三年始终没有怀孕的小卡，在婆婆的要求下，去医院检查，一查之下才发现，因为某些先天性的原因，小卡竟然无法生育。

这个消息犹如重磅炸弹，顷刻间，让小卡平静安逸的生活灰飞烟灭。小牧的家庭很是传统，对于传宗接代有着根深蒂固的执念，虽然小牧是真心喜欢小卡的，然而，却从没想过会有一天，必须要在小卡和孩子之间做出选择。

这场家庭战争持续了整整半年，一开始，小牧还能坚定不移地和小卡站在统一战线，安慰小卡说，能治则治，但是随着时间的推移，再深的感情也抵不过每日的消耗。渐渐地，小牧开始对小卡毫无起色的治疗失去了信心，而小卡日复一日不安的试探，更是在不经意间加剧了他的厌烦。终于，一次剧烈的争吵后，早已失去了耐心的小牧，忍无可忍地正式向小卡提出了离婚。小卡说，在离婚协议书上签字的那一刻，她感觉天都要塌了。

然而，生活却并不打算就此放过她，似乎以离婚事件为一个转折点，小卡的生活一路急转直下。多年圈养在家，如今毫无社会经验的小卡重新步入社会，在找工作的阶段屡屡受挫。因为技能不足而又青春不再，小卡最终只能将就地选择了一份公司前台的工作。曾经的矜持傲气化作底层职员的殷勤忍耐，累死累活挣点钱，这才明白生活之难。

最后，小卡说，经此大起大落，她算是活明白了。她不怪自己的父母没有给自己一个健康的身体，让自己鸡飞蛋打，从一介女神变成了怨妇。因为这一切根本原因，不在于别人，而是在于自己。是她在最好的年华里选择了安逸，放弃了打磨自己，企图以一份虚无缥缈的爱情，给自己的后半生找一张长期饭票。而她却忘记了，经济基础决定上层建筑，如果没有面包，哪怕是真诚地谈爱情，也是没有底气的。没有人会心甘情愿地做你的长期饭票，你想要花男人的钱，也得看男人的脸色。而这次的健康问题，只不过是爱情终结的一个催化剂，让她提前看到所谓的现实罢了。

最后，小卡告诉我说："之宸，我现在算是明白了，人这一生，终究还是得靠自己，在这个瞬息万变的时代，爱情既是个奢侈品也是个易耗品。对于一个女人而言，谋生真的比谋爱重要得多了。你总得有一技之长，靠着自己双手谋生，你才能够资格和底气谈爱情。虽然很后悔自己走捷径栽了个大跟头，但是我还是庆幸自己不是在最后才明白这个道理。虽说现在的我要想从头来过，肯定比起刚刚毕业时候要来得艰难得多，但是好在我现在还不算太老，也还有机会好好磨炼自己的一技之长。"

小卡说这番话的时候，漂亮的杏眼里既有沧桑也有星光，看着这样的小卡，我突然觉得，她是真的长大了。

02

很早以前，我就听过那则著名的华尔街征婚启事。

年轻漂亮的纽约姑娘在 Craigslist 网站上的金融板块诚心求问：

怎样才能嫁给条件好的男人？

本人二十五岁，非常漂亮，是那种让人惊艳的漂亮，谈吐文雅，

有品位，想嫁给年薪50万的人。你也许会说我贪心，但在纽约年薪100万才算是中产，本人的要求其实不高。这个版上有没有年薪超过50万的人？你们都结婚了吗？我想请教各位一个问题——怎样才能嫁给你们这样的有钱人？我约会过的人中，最有钱的年薪25万，这似乎是我的上限。但是，要住进纽约中心公园以西的高尚住宅区，年薪25万远远不够。

——波尔斯女士

后来，一个华尔街的金融家，罗波·坎贝尔给她回了帖子：

亲爱的波尔斯：我怀着极大的兴趣看完了贵帖，相信不少女士也有跟你类似的疑问。让我以一个投资专家的身份，对你的处境做出分析。我年薪超过50万，符合你的择偶标准，所以请相信我并不是在浪费大家的时间。

其实，从生意人的角度来看，跟你结婚是个糟糕的经营决策，道理再明白不过，请听我解释。抛开细枝末节，你所说的其实是一笔简单的“财”“貌”交易：甲方提供迷人的外表，乙方出钱，公平交易，童叟无欺。但是，这里有个致命的问题，你的美貌会消逝，但我的钱却不会无缘无故减少。事实上，我的收入很可能会逐年递增，而你不可能一年比一年漂亮。

因此，从经济学的角度讲，我是增值资产，你是贬值资产，不但贬值，而且是加速贬值！你现在二十五岁，在未来的五年里，你仍可以保持窈窕的身段，俏丽的容貌，虽然每年略有退步。但美貌消逝的速度会越来越快，如果它是你仅有的资产，十年以后你的价值堪忧。

用华尔街术语说，每笔交易都有一个仓位，跟你交往属于“交易仓位”(trading position)，一旦价值下跌就要立即抛售，而不宜长期持有——也就是你想要的婚姻。听起来很残忍，但对一件会加速贬值的物资，明智的选择是租赁，而不是购入。年薪能超过 50 万的人，当然都不是傻瓜，因此我们只会跟你交往，但不会跟你结婚。所以我劝你不要苦苦寻找嫁给有钱人的秘方。顺便说一句，你倒可以想办法把自己变成年薪 50 万的人，这比碰到一个有钱的傻瓜的胜算要大。

希望我的回帖能对你有帮助。如果你对“租赁”感兴趣，请跟我联系。

这封回帖乍看之下虽然很残酷，但是，却很贴合现实。随着社会日益发展，不论男人还是女人，都变得越来越现实。从前一直被捧得很高的爱情乃至婚姻，如今却越来越像是一种生活的附加品，就连一直致力于打造梦幻的韩剧，在这几年，也渐渐抛弃了王子爱上灰姑娘的剧情，转而走起了势均力敌的爱情路线。

这很正常，毕竟经济基础决定上层建筑，如果没有面包，即使你想谈爱情，也是缺乏底气的。这世上不论做什么都需要付出代价，当你没有一技傍身完全依附于一个男人的时候，你本身便成了一件商品。你得为他生儿育女，你得为他打理家庭，你得想方设法地取悦于他，来维持如今衣食无忧的生活。爱情的荷尔蒙是有时限的，没有人会心甘情愿不求回报地做你的长期饭票，你想要花男人的钱，也得看男人的脸色。

更何况，人这一生，不如意事十之八九，没有人能保证一辈子都一帆风顺。在这个瞬息万变的时代里，什么都变得很快。你可能一夜赤贫，也可能一步登天。很多你以前不敢想的事情，可能一夜之间就发生了。势均力敌的爱情，既是对自己的保障，也是对你爱的人的一种保障。

03

半个月前，我应邀去参加了朋友小懒的婚礼。

小懒是我的大学同学，这姑娘出身贫寒，骨子里却有着一股天然的傲气。她对于自己认定的事情，一直有着一种不达目的誓不罢休的倔强。

我们相识于大学时代，那时候，大家刚刚摆脱了残酷的高考，个个都像脱缰的野马，在大学这片广阔的草原上尽情地挥洒青春，享受着人生中最无忧无虑的时光。但是，小懒却是个例，自打进入大学起，她几乎将所有的课余时间全部奉献给了图书馆。别人在谈恋爱的时候，她在念书；别人在花前月下的时候，她在考证；别人分手后再重新开始一段恋情的时候，她在兼职。

整整四年，她除了拿了数次奖学金，考了一堆证，磨炼了自己的一技之长之外，没有干过其他事情。

有一次，我找她喝酒，酒至半酣的时候，我调侃她说："小懒，你是不是准备这辈子都不谈恋爱啦？"

结果，小懒以一种很奇怪的眼光看着我说："没啊，我只是想在谋爱之前，先谋生吧。"

"之宸，我家的情况你也是了解的，我出生农村，一没背景，二没资源，这注定了我想要什么，都只能靠着自己去努力去争取。”说到这儿，小懒叹了口气，像是一瞬间打开了话匣子一般侃侃而谈，“或许很多人说，婚姻是女人的第二次投胎，一段好的婚姻足够让你自己少奋斗十年。可是，我总觉得，谋生是能力问题，只要自己努力，愿意吃点苦，总有一天，付出能得到相应的回报；但是爱情不同，爱情纯粹是个运气问题，能不能在一起，能够在一起多久，除了你自己的努力，还得看别人配不配合，这其中风险有多大，真的很难说。

“把所有的一切寄托在一段感情、一个男人身上，我是真心觉得，既不靠谱，又太卑微。毕竟，男人不是傻子，有钱的男人更不是，女人若是想要凭借着虚无缥缈的爱情走向高处，以小博大的赢面真的很小。

“我只是个平凡人，我只想在可能的范围内保障自己的合理权益，同时为自己争取最大的利益。我也不是说这辈子都不谈爱情了，只是，在没有遇到合适的爱情之前，我想尽可能地先学会谋生。我觉得，与其为了毫无头绪的爱情故步自封，倒不如好好利用这段寂寞的时光打磨自己，尽可能地向上爬。这样，哪怕那个男人到最后都没有出现，我一个人也可以有尊严地活得很好。

“说实话，我现在最想的，不是拥有一份美好的爱情，而是在最好的年华里，先好好地投资自己，磨炼自己的一技之长，然后，靠着自己的努力，去实现财务自由。这样，当未来有一天，我真的遇到了一个真心喜欢的男人，如果他出身高贵，我可以不必自卑；如果他出身贫寒，那我也可以为他准备一份体面。更有甚者，若是真有一天，我深爱的他从天堂坠入深渊，我也可以有勇气伸手拉住他，对他说，别怕，我陪你走下去，我有能力支持你，你愿意怎么样就怎么样，将来要是有受不了的委屈、过不了的槛，我都有能力替你兜着，所以，你就不必犹豫，只管真心跟我在一起就可以了。”

那天，听完小懒的话，不知为什么，我的心里竟然涌起了一丝钦佩。

小懒是这样说的，也是这样做的。大学毕业之后，她没有像父母期盼的一样，考入体制，反而联合了几个志同道合的朋友，风风火火地开启了创业之路。这一折腾就是五年，小懒终于如自己所期望地那样，靠着自己的努力，在实现自己的财务自由的同时，寻觅到了一份属于自己的爱情。

那天，在小懒的婚礼上，我看到了那位要和小懒共度余生的男人。他出生于钟鸣鼎食之家，是个小有名气的生物学家。他握着小懒的手，用他特有的方式述说着对小懒的爱意，而小懒也红着眼睛，一脸骄傲却又幸福地回握着这个将要和自己共度余生的男人的手，他们看起来真的很相配。

我相信，接下来的日子，他们会相互扶持着走过几万个日日夜夜，白头偕老，永不分离。

04

一直以来，我都觉得，能够走到最后的爱情或者婚姻，两个人的地位一定是平等的。这个平等，不仅仅是指物质上的平等，同时也包含精神上的平等。虽然几千年的传统观念里一直认为，男人才是家庭的顶梁柱，但是，我始终觉得，在一段完整的感情里，女生不一定非得处于弱势，而男生也不一定一直都不能软弱。男生可以作为家庭赚钱的主力，女生也应该有自己谋生的手段。就像舒婷说的木棉和橡树，互相支持、互为依靠，共同抵御来自外界的压力，一起走过人生的风风雨雨。

所以，亲爱的姑娘啊，请你在选择谋爱之前，先学会谋生。如果说，爱情是荷尔蒙作用的结果，那么，婚姻一定是两个独立个体相互扶持的道路。就算你可以依靠男人一阵子，但是也绝对不可能依靠男人一辈子。

你必须得有独立生存的能力，才有资格谈爱情，你必须得走到一定的高度，才能遇到自己真正想要的人，若是你连独立买面包的能力都没有，那么你又拿什么撑起被柴米油盐酱醋茶贯穿的婚姻呢？

独立谋生是一种底气，让你在婚姻里，也能够不卑不亢地保持自己独立的人格；独立谋生是最后的尊严，当爱情的热情消退，当婚姻走到了尽头，你可以不必为了所谓生存，被迫委屈自己，让自己在精神上日复一日地被凌迟；独立谋生更是一种保障，既是对自己的保障，也是对对方的保障。

毕竟，未来这种东西，存在着太多的未知了。没有人能保证自己一帆风顺，当苦难来临的时候，拥有独立谋生能力的两个人在一起，远远比只靠着一人支撑的家庭，更能扛得住风雨，更能一起走到最后。

Part 3

我喜欢这个功利的世界

要么服从规则，要么制定规则

01

年前的时候，阿彬给我打电话说，他近来心情烦闷，想要约我小酌一杯。

阿彬是我的学弟，比我小两届，是我当年当助导的时候带过的学生。记忆中的阿彬是个羞涩腼腆又有点优柔寡断的小男生，我还记得大四毕业那年，他特意来找我告别。我们两一人一罐青岛啤酒，坐在苍霞湖畔，谈人生聊理想。谈及未来，他突然和我说："之宸，其实我一直很想考公务员，是不是特别没出息？"

我很疑惑地问他："为什么这么说？"

"因为我看现在很多鸡汤都说，体制是温水煮青蛙，人呢，尤其是男人，就该要出去闯闯，要变强，要往上爬。"说到这里，他有些不好意思地挠了挠头，推了推眼镜说："可是，我觉得那很累啊，而且，我这个人呢，一没有什么远大的理想，二也没有什么很大的野心，我想要的，只是有一份稳定清闲的工作，然后娶个平凡的姑娘，过一辈子安逸的生活。你说，我一个大男人，有这样的想法，是不是很没出息啊？”

我听完就笑了，拍着他的背告诉他说：“这没有什么没出息的。体制内外唯一的区别是环境，不同的大环境有着各自不同的生存规则，而不同人有着不同的价值观，自然有各自的偏爱。但不论是哪一种选择，都是一份靠着双手养活自己的职业。职业无贵贱，价值观这玩意儿也没有什么对错之分，只要自己不后悔就行了。”

不知道这番话是否对阿彬有所影响，后来，他从大二就开始为公务员考试做准备，他比大多数人起步更早，又比很多人都来得勤奋，自然而然，在大四那年，他很顺利地通过了省考，如愿以偿地成了一个财政厅下的编内人员。

本来以为，这家伙求仁得仁，也算是志得意满了。可是，万万没想到，不过大半年，这家伙见到我的第一句话便是：“之宸，我觉得我好像有点后悔当初的选择了。”

我大吃一惊，急忙问阿彬发生了什么事情。一番闲聊，我才知道，原来阿彬在体制内的生活并没有他从前憧憬的那般美好。

大概也算是阿彬时运不济，他入职的时候，正巧遇上了领导大变动，新调来的领导是个极品，正事不做，天天变着花样折腾。因为看到阿彬是新来的，于是，便不顾他的专业性质，硬是让他一个大男生去做类似文秘类的工作。

阿彬虽然心里有些不满，但是到底随遇而安，于是，在初入社会的前半年，阿彬天天尽在干一些整理资料、登记签收、录入分类、归纳整理之类缺乏营养的重复性工作，不仅没有接触任何与专业有关的事务，反而天天各种被甩脸子。

如果仅仅是这样也就算了，关键是，这极品领导不仅朝令夕改，一拍脑袋就是一个主意，而且死不承认自己的问题。最恶心的一次，是那个领导在办公室里走了几步自己改了主意，结果反咬一口，当着大家的面怪阿彬自己误解了他的意思，直接把好脾气的阿彬气得七窍生烟。

阿彬说，整整半年，他几乎每天都在加班，连宝贵的十一七天长假，都因为那个极品领导的一通电话，回单位加班。但是，很经常的是，阿彬今晚刚刚被领导要求加班完成了一张表格，第二天早上那个领导看了一遍说，哦，我想了想，昨天那样的汇总规则是不正确的，应该按照这样的规则来汇总。于是，一切从头开始。

因为这个领导反复无常的性子，阿彬的努力经常都是在做无用功，不仅一份简单的汇总表格要反反复复改个十来遍，到最后还要被领导骂什么事情都做不好，工作效率太低。

“这不是在折腾人吗？”我皱着眉说。

阿彬苦笑道：“可不是吗？我才工作了半年，简直身心俱疲，都怀疑自己要得抑郁症了。本来我还想着，如果只是这样，我或许还能忍忍，毕竟，工作从来不是为了让人开心而存在的，但是，最近的事情，真的让我忍无可忍了。”

原来压弯阿彬的最后一根稻草，是今年的年终奖。

阿彬说，年终的时候，审核量激增，那个极品领导扛不住压力，终于把他调去做预算审核。虽然，领导并没有安排其他人接手他的事情，但是，阿彬很快发现，就算没有人接手他曾经的工作，整个部门依旧照常运作，与平时并没有任何不同。直到这时候，他才明白，原来之前自己做的那些事情，都是那个极品领导无中生有折腾出来的，真的一点意义都没有。

阿彬突然觉得很绝望，但是，繁重的任务并没有给他多少时间用于消沉。他很快调整了心态，自我安慰地说过去的都已经过去了，虽然之前走了一大段弯路，但是，至少现在也重归正途了。这样想着，便开始认真地向同事请教，认真地学习起业务知识，他知道比起同期的实习生，自己已经慢了半年的时间，所以，他更加努力地学习，自觉地留下加班，熬夜赶任务。

终于，任务赶完了，年终奖按期发了下来，却在这时，阿彬很心凉地发现，比起同期的实习生，自己的年终奖竟然被扣了一大半。

我急忙问：“为什么啊？”

阿彬苦笑道：“因为领导说，预算科的年终考核要按照一整年的审核量为指标进行考核。你也知道，我大半年时间都在帮他整理资料做表格，直到十二月才开始做审核，我做的时间短，不论最后再怎么赶，自然不会比别的同事做的件数多。”

我说：“那你没去和领导争一争吗？”

“争啦，可是结果你知道吗？他早知道我会去找他，甚至连说辞都想好了。那天，我上去找他理论，结果他就直接回了我一句‘预算科不按照预算量来考核，难道还按照表格量来考核吗？’”阿彬说到这里，狠狠地灌了一口酒，苦笑道：“是啊，他是领导，所有的考核规则由他来定，自然是他怎么说都有理。说到底，要怪只能怪我自己不够强，没法成为制定规则的那个人。所以，自然而然，只能成为被剥削、被迫服从规则的人了。”

阿彬这样说完，又是一仰头，将手中的啤酒一饮而尽，那股狠劲儿，仿佛是要将这一年里所有的心酸、委屈、不甘情绪狠狠饮下。但是我知道，这些情绪不会消失，这半年的经历已经化为阿彬心中的一根细刺，时不时地扎他一下，督促着他要前进、要变强、要努力成为制定规则的那个人。

02

像阿彬这样的事情，并不是个例，我曾经听过许多，甚至我自己也曾亲身经历过。

还记得很小的时候就听大人们说，这个世界是弱肉强食的，走入社会发现，确实如此。从某一程度上说，这个世界其实可以分为两种人：强者和弱者，制定规则的人和遵守规则的人。强者制定规则，弱者服从规则。如果没有办法成为制定规则的那个人，那么，就只剩下两种选择，要么离开，去另一个你觉得能够和自己愿景不冲突的大环境，努力成为制定规则的人；要么就留下，随波逐流，继续做遵守规则的那个人。

03

小微是我的一个朋友。我认识她的时候，还是在五年前。那时候，她刚刚辞去了一份稳定的工作，和几个朋友一起，灰头土脸地创业。

小微说，当初选择辞职，其实还是犹豫了非常长的时间。毕竟，她的父母从小对她耳提面命，让她长成了一个特别传统的女人。她说，选择英语老师这个职业，与其说是父母的建议，不如说是她自己的选择。在她很小的时候，她就对英语很感兴趣，加之她为人单纯，不喜欢社会上的那些尔虞我诈，两相综合，她觉得学校这个相对纯粹的环境，特别适合自己。

然而，理想是丰满的，现实是骨感的，工作没一年，她便发现，现实并没有她想象中那般美好。

想不通的小微请了半个月的假，去了马来西亚，在那个几乎与世隔绝的海岛上，彻底看清楚了自己的内心。半个月后，她回国，向领导递交了辞呈，选择了离开。

小微说：“有的时候真的觉得命运很奇怪，你永远不知道它会在什么时候给你一个转折。就好像我自己，明明对这种稳定清闲的生活憧憬了十几年，可是，当真正得到这种生活之后，却突然发现自己根本无法接受这样的环境。”

“其实，在那半个月里，我也曾想过就这样向环境低头，向规则妥协。毕竟，高中老师的工作既稳定且收入过得去还有寒暑假。而且，外面的就业市场不理想，从零起步压力山大。那时候，我纠结了好久，可是我发现我还是说服不了自己，继续在那样的环境里生活下去，我怕有一天我会在这种别人定下的规则中迷失自我，慢慢地被环境同化，变成了自己曾经最鄙视的那种人。”

说这话的时候，我正坐在小微的办公室里。小微的公司坐落在市中心的繁华地段，虽然她只租下了这栋高楼的二十三层的二分之一，面积不大，但是看上去，却干净整洁，一派祥和。

“那这五年来，应该过得很辛苦吧？”我问。

“说不辛苦那肯定是假的，但是人只要活着哪能不辛苦呢，关键是你得知道，自己是为了什么而辛苦，自己的辛苦值不值得。”小微说：“体制外的世界有一个好处便是，它不会因为你太过努力而排斥你，它只会因为你没有努力而淘汰你。这里的规则是以实力说话，你每变强一点，便多一点说话的分量。你越努力，爬得越高，便越有资格在法律允许的范围内，自己制定规则。”

“你看看他们，”小微说着，冲着玻璃门外的格子间抬了抬下巴，那里是一群富有朝气的年轻人。她说，“在他们进来的第一天，我就和他们说过，在我的公司里，没有内斗，所有人的收入只与自己的实力和不可替代性成正比。在这里，他们要做的，只是努力去打磨自己的一技之长，在自己的专业领域，做到无可替代，然后齐心合作，一起将公司推向更高的地方。”

“这，就是我定下的规则。”

小微铿锵有力的声音让我心头不由一震，我顺着小微的目光看去，玻璃门外有一群朝气蓬勃的年轻人，他们的脸上还泛着稚气和纯真，但是，他们的眼中，却是一致的坚韧，写满了对未来的憧憬，和为之努力奋斗的热忱和坚定。

04

大环境的生存规则是在千百年的时光中形成的，我们无法改变，但所幸，我们可以选择。我们可以选择自己要在怎样的环境里生存，我们可以选择自己要成为制定规则的人还是遵守规则的人，我们可以选择让自己逆流而上，站在高处，在这个世界开辟出一块符合自己愿景的净土，也可以选择随波逐流，让自己在别人制定的规则里被渐渐同化。

而这一切选择，取决于你的实力。

乍一听很残酷，但是事实上，现实就是这么残酷。这也是我们要拼了命地让自己变得更强大，要努力爬得更高的原因。

里子和面子

01

几天前，我在微博上看到这么一条新闻，说是眉山的一对夫妇月入 5000 元却背债二十多万买宝马，原因竟是为了让儿子在幼儿园有面子。本着好奇，我点进去仔细地看了一下具体内容。

原来这新闻说的是，在四川工作的郑先生和妻子都是普通工薪阶层，月入 5000 元左右。为了让孩子有更大的社交圈子和更高的奋斗起点，夫妻俩给孩子报了当地最贵的私立幼儿园。在一次野炊活动中，儿子所在幼儿园里的同学家长开的都是豪车。和郑先生的儿子分到一组的六个小孩子的家里，有两辆奔驰，两辆宝马，一辆奥迪，郑先生的孩子见状也吵着要坐其他小朋友家的豪车。郑先生看着自己不到十万的车，心里很不是滋味。父母俩人感觉儿子在同学面前丢了面子，于是，回家之后，夫妻俩便花掉了仅有的十多万存款，又借了三十万买了辆豪车，从此过上了节衣缩食的日子。

新闻后续说，以前孩子妈妈跟朋友出去喝下午茶还能请个客，现在出去之前就要跟朋友说，我要还钱，你来买单吧。结果朋友不乐意了，直接来了一句，你都开得起豪车了，连请我喝杯水的钱都没有?

孩子妈妈觉得非常沮丧，然而更沮丧的是，为了省钱，孩子妈妈三十岁的生日宴也临时取消了，这让她觉得更没面子了。于是，孩子妈妈一气之下便带着孩子离家出走了。

02

节衣缩食借钱买车，结果只是为了所谓的面子，不管是为了孩子的面子还是父母的面子，这都未免有些本末倒置。毕竟，面子终究只是表层的东西，而里子却是更为深层的东西，单纯地为了装点面子而忽略了更为本质的里子，这样得来的面子，终究也是要失掉的。

就像新闻中的那对夫妇，即使他们委屈自己，节衣缩食地用金钱为他们的孩子砌成了一条通往更高阶级的阶梯，可是，归根到底，强扭的瓜不甜，哪怕他们再怎么勉强自己去装点门面，时间久了，大家还是会看得出来，他们其实并不属于那个阶级。

说到底，所谓面子，到底还是建立在里子的基础上的。没有里子的面子，只是一层光鲜细薄的轻纱，虽然一眼望去，光鲜亮丽，但却经不起时光风沙的考验的。

中国人好面子古来有之。就一个人而言，其行为举止、衣食住行、长相俊丑等，这些属于面子问题；而内在的品性、才华、敬业、执着、进取、创新等，这些属于里子问题。像新闻里那对父母一样，单纯地追求所谓面子，而忽略更为重要的里子的人，真的不在少数。但是，这里面其实存在一个很大的误区，因为很多时候，面子是靠着里子撑起来的，友人相交，最开始或者是出于面子考虑，但是是否能够长久相交，起决定性因素的，永远是里子。

所以，想要面子，首先还是得充实里子。与其花大力气去装点门面，不如，把这个力气花在好好充实自己的里子上面。里子不好，死要来的面子，迟早要丢掉。里子好，即使暂时没面子，迟早还是会有面子。

03

我大四那年，带我做毕业设计的，是一个姓张的老师。

张老师已过古稀之年，是被学校返聘回来的。他满头白发，在业界颇有声望。据说，当年我们学校开设我们专业的时候，张老师便是第一批任教的老师，如今很多业界精英都曾经师承于他，可以说，张老师是一名桃李满天下、德高望重的老教授。

张老师一年到头都是一副深灰色夹克加白色衬衫的打扮，每天骑着一辆能进博物馆的二八自行车来学校上课，所以，当从学长学姐那里知道，校园之外的张老师其实是一家大公司的老板，每年有着过百万的盈利，而张老师来我们学校任职，纯粹只是为了传道授业解惑的时候，我感到非常震惊。

毕竟，在当年我的潜意识里，年入百万的大土豪一直都是在影视剧上看到的那种出门开豪车、进出有保镖的大腹便便的形象。然后我再看看眼前那个天天骑着一辆古董二八自行车，一天到晚腆着肚子乐呵呵的弥勒佛，只觉得自己的三观发生了转变。

直到后来，我见过了许多人，经历过许多事情之后，我才想明白，张老师之所以能够如此随性，也不是没有道理。

其实，并不是张老师不在乎面子，只是因为张老师已经有了足够厚实的里子，所以，他不需要通过那些虚浮的物质来装点自己，他本身的价值便足以镇住场子。哪怕张老师从外表上看就是一个骑着二八自行车上班的随遇则安的弥勒佛，但是只要他往那里一站，所有人都得发自内心地尊敬地称呼他一声“张老师”。

04

从哲学角度论，面子与里子是相辅相成，缺一不可的。里子是面子的底蕴，面子是里子的表象。面子靠里子来支撑，里子靠面子来表达。人人都爱面子，都想有面子。但是，要想要面子，必须充实里子。里子不好，死要来的面子，迟早要丢掉；里子好，即使暂时没面子，迟早也有面子。

当我们一无所有的时候，与其花大力气去装点门面，去追求所谓的面子，不如安下心来，去磨炼自己的一技之长，充实自己的里子。

因为，当我们里子充实的时候，自然而然就有面子了。而这由厚实的里子所支撑的面子才是真面子、大面子、靓面子，更是谁也夺不走的、历久弥新的面子。

关系决定你的下限，实力决定你的上限

01

首先分享一个故事。

潇潇是我的大学同学。这姑娘天性开朗，八面玲珑，很会做人，上至辅导员，下至学长学姐，都很喜欢潇潇。也是因为这样，在大学期间，潇潇得到了许多便利，其中最典型的，莫过于每年的奖学金评定。

那时候，我们每个学期的综合评定是按 6∶4 的权重用各个学科的考试分加上综合素质评分来计算的。大学四年，每个学期潇潇的综合素质都是满分，有时候甚至还有额外的加分。凭借着这些学科外的分数，尽管潇潇的专业课始终在及格线边缘徘徊，但是每个学期，潇潇基本上都能搭上奖学金的末班车，甚至还能获得一二等奖学金。这让很多平日里天天泡图书馆、靠着真才实学拼出来的学霸们，既牙疼，又无可奈何。

然而，如此奇特的事情，到底也只持续了四年。大四伊始，还没褪去青涩的我们，终于还是被时光推着，被迫走向了成熟。我们化起淡妆，穿起西服，在各个人才市场之间穿梭，一个个忙得焦头烂额，再也没有人去关注奖学金这点不公平了。

可是，就在我们为前程奔波的时候，潇潇却像个没事人一样，既不关心招聘会，也不在意公务员的职位表。一无背景二无资源的她依然和从前一样，每天围绕着辅导员打转，看得我们都替她着急。

后来，有一次，我忍不住问她："潇潇，马上就毕业了，你怎么都不着急去找工作？"

结果潇潇白了我一眼，说："谁说我没再找工作，我一直在找啊。"

"可是我从来没见你去过招聘会啊。"

"这年头谁还去招聘会啊。"潇潇白了我一眼，许是实在看不过我的不开窍，于是，她便大发慈悲地向我展示了她的微信。

我凑前一看，顿时明白了潇潇这一阵子究竟在忙什么。潇潇微信上新增了好些好友，其中，不乏某某公司的CEO、某某公司的总监之类的业界大牛。

潇潇说："这些都是最近这段时间，借着辅导员还有一些玩得比较好的学长学姐那里的关系认识的，我已经把自己的简历直接发给他们了。相信，没过多久，我应该就能收到offer了。"

我说："可是，你这和去人才市场递简历有什么区别？横竖看的不都是你的实习经验和四年成绩单吗？"

"那怎么会一样？"潇潇白了我一眼，道，"这其中差别最大的就是关系啊，你通过人才市场招聘会递出去的简历，就和市场上的大白菜一样，一抓一大把，人家会不会去看都是个问题。但是，如果有辅导员的引荐就不一样了，他们会在潜意识里觉得你本身很优秀才会得到辅导员的引荐，对于你的简历，他们一定会好好看，有些缺人的公司甚至不用看就直接收了。这就是有关系和没关系的区别。”

我一脸震惊地看着潇潇，却听潇潇继续说道：“其实说到底，如今的中国就是个人情社会。不论你走到哪里，想要办成什么事情，都需要各种各样的关系。所谓找工作，那不就是关系和背景的比拼吗？在这个社会上，只要你有关系，哪怕你成绩差点，能力差点，也一样能够找到一份好工作。可是如果你没有关系没有背景，你就只能捡别人剩下的东西吃，永远被别人压一头。”

最后，潇潇语重心长地总结道：“所以，之宸，在现在这个人情社会里，要想走得长久，你必须学会八面玲珑和长袖善舞。像你这样整天钻书堆里，只知道死读书的，注定一辈子给人打工的命，没什么前途了。”

02

说实话，听到她这一段盖棺论定的话语，我是不太高兴的。毕竟，在我的潜意识里一直觉得，相对于关系实力更为重要。虽说中国是个人情社会，你来我往的交际构成了一张庞大的关系网，但是，生活在这张网中的人，始终在追逐名利，只要你优秀到无可替代，只要你能够创造价值，就算你没有关系，你依然能够拥有自己的一席之地。

那天之后，我也没有再主动和潇潇聊过这方面的事情了，毕竟道不同不相为谋，说得再多，也只会惹人生厌。

再后来，我们毕了业，各自为自己的前程奔波，自然也没有什么多余的联系了。

再见到潇潇，是在今年的国庆。彼时的潇潇，形容憔悴，一脸戾气，一见到我，就开始向我大倒苦水。

也是在这时候，我才知道了潇潇这些年的经历。

那年毕业季，潇潇在传说中的“上流社会”里折腾了快一年，最后，还是没能如愿以偿地从这些层层叠叠的关系网中捞到一点好处。她把自己的简历发给了那些大牛们，可惜等了许久，要么被那些大牛婉拒了，要么连吱都没吱一声就被彻底拉黑了。

后来，潇潇迫于无奈，只好带着简历走向了招聘会。可惜，那时候招聘会已经临近尾声，好的单位早就已经和心仪的人才签好了三方协议，而剩下的一些单位，要么是需要长期驻扎外地的临时项目部，要么是招收无专业限制的销售的小地产公司，要么就是只招男生的施工企业。但是哪怕是这样的公司，在看了一眼潇潇大学四年的成绩单之后，也没有流露出一丝一毫想要招入麾下的意愿。

最后，潇潇一脸愤世嫉俗地和我说：“说到底，还是我家里关系不够硬。”

说实话，听完潇潇的话，我只觉得一阵莫名的心酸。潇潇家境清寒，这是我们都知道的事情。我至今都还记得，有一次潇潇妈妈来学校里给潇潇送棉被的时候，因为不舍得两块钱的公交费，硬生生徒步从大学城走到了火车站，走了整整四个小时！

于是，心潮澎湃之下，我没有顾及朋友的脸面，直接对潇潇开训。

我说："潇潇，你有没有想过，你最大的问题，不是关系不够硬，而是实力不够强。"

"你如果想要靠着所谓关系活着，那你的升官发财、来去调动便取决于你的人际关系和领导的决定，你的命运便成了别人砧板上的鱼肉，做决定的不是你自己，而是那不知道是谁的别人。可是，若是你有足够的实力，优秀到无可替代，那么无论你在哪里，都有一个谁也夺不走的铁饭碗。你可以自主地选择去留，你的命运自然也就掌握在了自己手里。你想想你大四时候加的那些大牛们的微信，如果当时你发给他们的简历足够漂亮，如果当时你的成绩足够优秀，他们捧你还来不及，怎么可能连看都不看你一眼就直接把你拉黑了呢？"

03

毕业这些年，我遇到过不少和潇潇有类似思维的人。他们没有打磨自己一技之长的毅力，又迷信长辈们口口相传的社会关系论，所以，他们把原本可以用于提升自己的时间精力全部耗费在积攒关系上，他们企图依靠着所谓的关系，从此平步青云。

但是，其实这里面有个很大的误区。因为如果不是血浓于水的亲人，或者是不离不弃的朋友，这世上大多数的关系，其实是建立在物质和利益之上的一种合理而等价的交换。

所谓人脉，也不是留了电话加了微信，就是朋友，就应该互相帮助，共同扶持。你想让别人在你困难的时候帮助你，除却彼此之间原本的感情基础，能让对方提供帮助的根本条件，是你也能提供等价的回报。如果你无法给予对方同等的回报，那么，自然也没有资格要求对方给予你帮助。用鸡汤界的一句话来说便是，唯有等价的交换，才能有等价的友谊。这交换的筹码，可以是你们之间本就存在的感情，也可以是你自身的价值。

04

去年，我在深圳出差的时候，曾经和在那里工作的郑子小聚了一下。

郑子大我三届，是我同校同专业的直系学长。我们相识于人学时代，毕业之后，又在各种巧合之下，任职于同一家公司的同一个部门，而郑子也从我的直系学长变成了我的直系领导。

客观来说，郑子真的是一个很好的领导者。他有思想、有创意，专业知识过硬又注重细节，还特别有远见，能够充分地将每个人的特长发挥到极致。不过，郑子是个完美主义者，不论做什么，郑子总是力求做到最好，一旦出现一点儿差错，他就不分场合、不分对象破口大骂，甚至连其他部门的领导也不留情面。久而久之，大家虽然嘴上不说什么，但是心里对郑子多少还是有些怨言的。

后来有一次，郑子和隔壁财务部部长当着全科室的人的面吵翻了天，以财务部长黑了脸摔门而去告终。那天下班之后，我趁着没人的时候，偷偷和郑子说，得饶人处且饶人，这样不留情面地给别人难堪，早晚会出事的。结果，郑子毫不为意地回了我一句："明明就是他的错，为什么要给他留情面？给他留了情面，下次就不会长记性了。之宸，我知道你在担心什么，但是我不怕啊。此处不留爷，自有留爷处，大不了，我就换个地儿。只要我足够强，我就不信我还会在社会上混不下去。"

然后，我就默默闭嘴了。郑子语气虽狂，但他说的却也是事实。

只是，当时的我们都没有想到，郑子的一时狂语，后来竟也一语成谶。

郑子说，在我辞职离开后没多久，他也离开了那家公司。和我不同的是，他是被迫离开的。一直以来，他太过挑剔，也太过情绪化，让公司上下对他都积怨已深。一次小小的失误让他成为众矢之的，墙倒众人推，郑子被狼狈地解雇了。

好在，郑子的实力不是盖的，他很快凭借着卓越的能力，去了一家地产公司。可是，没过多久，郑子便发现，即便换了一家公司，他的处境依旧没有好多少。他依然不受欢迎，尽管他为公司创造了很多价值，可是，每每有升职加薪的机会，却总是轮不到他。

他苦闷地对我说："之宸，你知道，我这个人，最不会的就是长袖善舞、八面玲珑，最看不起的就是那些只会搞关系、走人情的绣花枕头。我崇尚的是绝对的实力，我相信这个社会是实力至上的，所以，我不在乎所谓关系，我一直在努力地磨炼自己，我觉得只要自己足够优秀，总有一天会混出个人样。可是如今，那些我曾经最看不起的绣花枕头们一个个混得风生水起，而我却越加落魄。说实话，我现在有些迷茫了，你说，我是不是该把提升自己的时间，拿去学着搞搞关系、走走人情？”

郑子说着仰头喝下一杯酒，说实话，认识他这么久，还从没见过他这般惆怅。

我想了想，说："其实，我觉得不是这样的。搞关系、走人情这种事情，你不会、看不过去，这很正常，有的是人能做，就连几岁的孩子都会为了争宠偷奸耍滑，更何况是那些在职场上混成精的大小狐狸们呢？但是，那些终究只是细枝末节的辅助手段，有些人手段高超地耍了一辈子，他们也就混成这样了，真正能走得远的，是像你这样有一技之长傍身的人。”

“我这么说，并不是说所谓关系就不重要了。毕竟，人类本身就是群居动物，不论你在哪里，与人相处都是无法逃避的一个问题，就算你换个环境，不会说话依然会被人讨厌，不会做事依旧会被人嫌弃。关系和实力，与其说是对立的关系，不如说，它们在对立中统一，在统一中对立。关系决定你的下限，它是一种辅助工具，能够让你在前进的路上走得更顺畅一点，少一点阻碍，但是，你最终能够走多远，爬多高，起决定性作用的还是你的实力。”

“所以，真要我说的话，如果你真想改变，不如从现在开始学着克制自己的脾气，学习一些说话的技巧。不求八面玲珑，只要和同事维持普通的和气即可。然后，最重要的是，你得继续磨炼自己，努力让自己变得更强。我们生活在一张庞大的关系网中，网中人终究还是崇尚强者的。人们热衷于追逐名利，在有实力的情况下，只要关系处得不是特别差，往上走还是相对容易的。毕竟，你的实力和价值不折不扣地明晃晃地在那里摆着，而你的老板们也不是瞎子。”

05

曾经有读者问我，对于一个刚刚毕业的大学生而言，实力和关系究竟哪个更重要?

当时我是这么回答他的: 实力和关系都很重要。关系决定你的下限，实力决定你的上限。没有关系时，就要有实力，以实力服人，再用实力去结交关系，用利益去发展关系。而有关系时，也要有实力，关系只是给了你比别人更多的机会、更高的起点及更大的平台，更何况，关系有时是会变化的，而如何发展关系，依靠的还是你自身的实力及创造的价值。

倘若生活看不到光

01

深夜，梅子给我打电话，开口就是一句，之宸，我觉得我的人生一片黑暗，我觉得我的生活都看不到光了。

这本是一句无头无脑的话，但是，我却是在第一时间听出了梅子话中的绝望。

梅子是我大学社团同部门的同学，更是他们那个专业出了名的学霸。大学毕业那年，她顺应父母的期望考上了公务员，在我们一众穷人还在为那一点点抽成熬夜加班、和施工队吵得不可开交的时候，她早已经过上了朝九晚五规律而舒适的生活。

我们一直很向往梅子的稳定，可是后来我们才知道，其实梅子的生活并不像我们想象的那般轻松顺遂。

梅子说，他们整个部门看似很大，但除了她一个办事小妹外，其余的都是领导，领导自然是不会去干活的，因此，整个部门的活儿全部都压在了她一个人身上。每天，她都忙碌在写文章、签收登记、统计分析这些缺少技术含量的工作之间，更有甚者，他们新上任的领导还各种折腾，一拍脑袋便是一项无理取闹的政策，不仅大大增加了梅子额外的工作量，而且事情做到最后还发现这些工作根本就是一堆无用功。

一晃三年，这份在外人看来稳定安逸的工作却成了压在梅子心头甩也甩不掉的包袱。

我问梅子，既然这样不喜欢，为什么不辞职呢?

谁知梅子叹了口气，告诉我说，其实这三年里，她曾无数次地想要辞职，然而每次这个念头刚刚冒出来，便很快地被掐灭了。究其原因，无非两种：一来，父母不允许；二来，梅子自己也不敢。毕竟在体制内待了三年，不说专业知识早已经忘得一干二净了，就说大学里的那股冲劲儿也已经被体制消磨殆尽了，她觉得她再也无法适应体制外那种动不动就通宵加班赶进度的生活了。

走不成，又不愿留，梅子最后愤愤地抱怨道，早知道当年就不应该听爸妈的话进体制了。

02

听完梅子的话，有那么一瞬间，我真的不知道该说什么好。其实梅子的问题很简单，一言概之便是，对现状不满意，却又不敢去改变，每天自哀自怨觉得生活没有希望，却不去反思自己的原因，而是直接把锅甩给了体制。

说实话，这锅，体制还真不背。

这些年，我走过一些地方，也遇到过一些人。我越发觉得，一个人能不能过得好，能不能实现自己的价值，在生活中发光发热，和你在不在体制内，其实关系不大。有些事，你在体制内不会做，出了体制你还是不会做。体制内也一样有很多人变成了自己想要的模样，体制外也有人天天浑浑噩噩，混吃等死。

所有的一切，起决定因素的，其实是你对生活的态度，你自己不振作，不站起来往前走，谁也救不了你。

03

蕊蕊是我的发小，也是个典型的乖乖女，乖到父母叫往东，她绝不会往西。就这样一个乖乖女，在五年前的某天，就这样一声不吭地申请了停薪留职，直接跑去了西藏旅游。

我再见到她，是在今年春节的时候，那个时候，她刚刚从澳大利亚回来，整个人瘦了一圈，脸也晒黑了不少。

我给她泡了一壶茶，不经意地聊到了五年前那场叛逆，我就问她，你当时怎么就突发奇想跑去西藏了?

她垂下眼帘，有些不好意思地笑了。她说，没什么特别的理由，只是觉得过了二十多年循规蹈矩的生活，如今却越发找不到生活的理由了。感觉自己明明才二十多岁，却过起了五十多岁养老的生活，生活没有奔头，未来没有希望，就像是一具行尸走肉，在二十岁的时候死去，等着七十岁被埋葬的那天。

蕊蕊说，有时候，她特别羡慕像我们这些在体制外打拼的人，感觉我们这群人每一天都过得特别充实，有钱又有希望。

我笑着给她沏茶，说，哪有她想的这么好，城里的人想出去，城外的人想进来罢了。

蕊蕊点点头表示赞同，她说，后来就这样颓废了很久，直到有一天，连自己都看不下去了，感觉如果再不给这波澜不惊的生活投块石子，自己可能到死都是这幅鬼样子。

我问她，那你这块石子激出你想要的浪花了吗？

她很自豪地点了点头。

她和我说，那一趟旅程，她整整走了五个月，那五个月里，她在西藏爬了山，在新疆打过架，在丽江喝过酒，在成都吃过辣，一路向南，最终到了三亚，才恋恋不舍地从海口坐飞机回来。

她说得眉飞色舞，说到最后，我都禁不住有些羡慕。我问她，那后来呢？

“后来？”她耸耸肩，转头看我，续道，“没有后来了，五个月后，我结束了旅行，又回到了体制，做着原来的工作。”

这个答案倒有些出乎我的意料，我看着她说：“那你这一趟不是白走了？”

“怎么会白走？我反倒觉得，这一趟旅行走得特别值得呢。”

我不明所以地看着她，却听她继续说道：“其实那五个月，我走了一路也想了一路，我突然明白，环境只能影响生活，却不能决定生活。谁说人在体制内，就一定只能做体制内的事情，过体制内的生活呢？”

蕊蕊抿了一口茶，续道：“之宸，我知道你喜欢刺激和挑战，但是，你喜欢并不代表所有人都喜欢。我觉得我这种性格，比起体制外的血雨腥风，或许体制内的平淡和安逸更适合我。但是同时我也明白了，长时间按部就班平淡安逸的生活却又不是我所追求的。”

我突然觉得自己有些被她绕进去了，她仿佛也看出了我的似懂非懂，解释道：“其实，我就是想明白了，生活是自己的，体制不过是我留给自己的一条退路。在有一份能够活下来的保底工作的前提下，我才能无后顾之忧地去追求自己所想要的诗和远方。”

后来，我才知道，蕊蕊在体制内的这五年简直脱胎换骨，她不仅一路过关斩将地拿下了二级建造师、一级建造师、造价师、注册结构师等一系列含金量极高的专业资格证书，还出了一本小说，写了两个剧本，现在她正在自学金融知识，准备接下来去股票市场里闯一闯。

她说起这些的时候，眼睛亮晶晶的，仿佛盛满了夜空的星辰。

那一刻我真觉得，她的人生是发着光的。

04

那天之后，我突然明白，无论体制内还是体制外，生活都是自己的。不论你在体制外还是体制内，你愿意放任，生活难免走向黯淡；你愿意精进，生活必然持续变好。

每一个人，都会有那么一段暗无天日的岁月，感觉自己一无是处，生活过得苟且。但是，生活并不是真的没有光、没有希望的，只是这些光和希望都隐藏重重黑雾之后。当你觉得迷茫彷徨，觉得未来没有期待的时候，你要么习惯黑暗，放任生活继续死寂下去，直至与这黑暗融为一体；要么你就自己站起来，在重重黑雾之中，努力地劈出一

道缝，让光透进来，一点一点，照亮你前方的路。

努力给自己的生活埋下一些彩蛋，给波澜不惊的生活加点料，给未来留下一些期待，这样你会觉得生活的小马达又重新转动起来了。

愿每个人都能拨云见日，看到生活的光！

Part 4

我有钱，也有诗和远方

就算不去旅游，我依然有诗与远方

01

首先分享一个故事。

小梦是我的一个朋友，这姑娘是个典型的文艺青年，特别钟爱旅游，用她的话来说，只有看过了世界，才能找到自己的诗与远方。

这番话确实很让人热血沸腾，只可惜这般豪言壮语，在小梦大学毕业之后，却彻底冷静下来。离开校园步入社会，来自各方面的压力与日俱增，在现实面前，再美的梦想都只能暂时搁浅，为生存让步。

我还记得那段时间小梦特别消沉，她说："之宸，你看我现在，工作日为工作忙活，休息日还要去公司加班，我感觉我整个人都要卖给工作了，这样下去，还追什么诗与远方啊。"

那时候的我，也不知道该怎么安慰小梦，毕竟，人总是要先度过生存期，才有资格谈诗与远方。

再见到小梦的时候，是今年春节。难得的七天长假，她竟然窝在家里看书，这让我莫名地有些诧异。

我笑着调侃她："怎么，真的准备放弃寻找诗与远方啦？"

结果这货冲我扬了扬手中太宰治的《人间失格》，说道："才没呢，本宝宝正在追求呢。"

见我一脸茫然，于是，小梦便和我说起了半年前发生的一件事。

半年前，小梦去英国参加了一个活动，回国的时候，许是没看皇历，她先是为了赶飞机把充电宝落在了酒店，等好不容易赶到伦敦机场，却又接到了航班延误的消息。那心情，何止一个郁闷了得。

她郁闷地拿着手机坐在候机楼里刷起了微博，这么无所事事地玩了整整两小时后，手机终于宣告没电自动关机，她无聊地抬起头来，迷茫地四下张望。

却在这时，她发现了一个很有趣的现象。

她发现机场里的欧洲乘客大多数都是一杯咖啡、一本书，或者一台笔记本，正在安静地阅读或工作，而中国乘客虽然大多数也都低着头，可是他们要么在专注玩手机，要么拿着 iPad 刷剧，剩下的一小部分要么和她一样，因为手机或者 iPad 没电了而迷茫地张望，要么便是穿梭在各个免税店内，比较着各种商品，大声谈笑。虽说，她也看到其中几人正在看书或在办公，但放眼望去，这样的人真的寥寥无几。

她有些赧然。不知是自尊心作祟，还是国家荣誉感上涌，小梦总觉得，在这种情况下，她必须得做点什么，让自己看上去有文化一点。这样想着，她便从行李箱最底层翻开了那本特意为了装文化而带的崭新的《月亮和六便士》，装模作样地看了起来。

这不看不要紧，一看，她便入了迷，两百多页的书，她竟然完整地看完了。合上书的那一瞬间，自己都觉得不可思议。更不可思议的是，在看书的整整六个小时，她除了换了几下姿势之外，连手机都没有兴趣去拿。她整个人沉浸在小说之中，随着主人公思特里克兰德一起，在孤独中彷徨，在孤独中冲突，在孤独中新生，在生命的最后一瞬间，在孤独中实现了灵魂的自由。

小梦说，不知为什么，虽然她只看了六个小时，可是，却仿佛跟着作者的文字，过完了思特里克兰德的一生。也是在那时候，她才终于明白，为什么之前有人会说“读完书感觉整个世界都变大了”。原来，真正的读书，真的会让你忘记周围的一切，与作者一起，在另外一个世界里沉浮。那是一段无可替代的完整的生命体验，既不是碎片式的网络讯息和夸张的视频剪切可以取代的，也不是到哪里看过什么风景便可以感受得到的。

再后来，她便不再焦虑了，她告诉我说，从前只觉得唯有看遍世界，才能找到心中的诗与远方，可是如今却觉得，诗和远方其实不一定真的存在于远方，大千世界的繁华美景固然美不胜收，但广袤书海中的情怀也同样令人神往。

最后，小梦和我说：“虽然在没有实现财务自由之前，我是没有办法再像从前一样，随心所欲地浪迹天涯，但是，感谢书本，它将世界以另一种形式呈现在了我的眼前，让我即使不去旅游，依然可以拥有诗与远方。”

我听完点了点头，莫名有了种“吾家有女初长成”的欣慰感。

02

其实，我一直很认同小梦的那句“真正的诗与远方，并不一定是真的在远方”。按我的理解，**诗和远方并不是指漫无目的地盲目旅游看世界，也不是物质条件堆砌后才能拥有的阳春白雪，它更偏向于一种情怀，是一种永不止歇的对赤子状态的渴求，是一种对世界之大人之渺小的敬畏，是一种满地都是便士却抬头看见月亮的清醒。**

诚然，出门看世界不失为培养情怀、拓展视野的一种方式，但却绝对不是唯一的一种。时间精力许可，就外出看看；时间精力不允许，就在家看书，以不同的思想层次看同样的景色，得到的体验则是完全不同的。

03

小可是我在朋友圈认识的一个朋友。最开始的时候，想要关注她，只是单纯地因为，我被她笔下那广袤的世界深深吸引住了。

在她笔下，我看到了伊斯坦布尔的寂寞苍凉，Dolmabahce Palace 的豪华璀璨，香榭丽舍大街的浪漫抒怀。寥寥几笔，耶稣被背叛时的从容，米开朗琪罗雕塑中人体曲线的奇异，拉斐尔笔下的圣母的哀怨圣洁，即已生动刻画。

我曾经想象过，能够写出这样文字的小可，或许出生书香门第，从小受到良好的教育；或者她走过非常多的地方，有着非常丰富的经历，可是后来我们熟稔之后，我才发现，事实并不是如此。

小可出生农村。狭隘的观念、贫穷的家境、落后的教育水平让小可在人生前十八年里过得相当混沌，除了机械式地念书、考试、干农活，她不知道人生有什么意义，更不要提什么诗与远方。

按照父母给她写好的剧本，小可应该在大学毕业之后回到家乡，和隔壁村的王二小结婚生子，然后继续祖祖辈辈传统的生活。

好在小可争气，凭借着坚持不懈的努力，走出了那个贫穷落后的小山村，来到了上海这个国际化大都市。一线城市的繁华和包容，彻底打开了小可的视野，她看到了一个更大的世界。

“也是在这个时候，我才突然意识到，父母一直以来灌输给我的很多观念，是腐朽而陈旧的，”小可说，“说起来挺不好意思的，我最开始读书的动力是想要通过书本，重塑自己的三观。”

那一阵子，小可疯狂地读书，但是很快，她便发现了问题。

孟子说过，尽信书不如无书。这句话真的一点也没有说错。因为同样的一件事情，不同人有着各自不同的观点，最可怕的是，她竟然觉得不论是哪一种观点，似乎都有各自的道理。

那阵子，小可陷入了迷茫之中，她不知道应该相信哪种观点，不知道哪一种观点才是绝对正确的。也是恰巧，小可的舍友要去杭州，见她整日迷茫，便拖着她一起做攻略，一起去旅游，而正是这一次的旅行，彻底改变了小可。

她跟着好朋友仔仔细细地按照网上的资料做了攻略，大到住宿的酒店、规划的路线、日程的安排，小到景点的历史，事无巨细，三天的攻略她写了几十页纸。可是直到她真正走到了那里，看到了实景，她才发现，原来所谓资料根本没什么用。

也是那时候，她开始明白，原来书上的东西不一定是正确的，书是人写出来的，书中的观点多多少少带上了一些作者的主观意识，而每一个人，或因为角度不同，或因为视野不同，即使看到同样的风景，也会有截然不同的感受。

那次从杭州回来之后，小可做了一个决定，给自己定下了每年至少走两个城市的目标。每次出发前，她都会事无巨细地做好攻略，这些资料让她对远方生出憧憬，然后，她再带着这些情怀，用自己的脚步去印证书中的观点。

“事实证明这比盲目地旅行要有意义得许多，书帮你提前认识这个世界，而远方则帮你见证自己的感受。”

“没有一本书能够全面而透彻地向你展示这个世界，每个作者都是站在自己的角度，向你描述他所见到的风景。你总得看过一些书，才能对远方心生向往；你也总得亲自走过这些地方，才能有属于自己的独特而真实的体验。单纯的读书抑或单纯的旅游，其实都太过单一了。旅行拓宽的是你的广度，而书籍拓宽了你的深度，二者相辅相成，才能让你看到更大的世界，最终找到自己的诗与远方。”

那天的最后，小可和我说了这样一件事。

今年春节的时候，她用世界各国的货币，给亲戚家的孩子们发了压岁钱。虽然亲戚们对此颇有微词，但是孩子们却对此很是喜欢。

她说，当他们拿到那些花花绿绿的钞票的时候，她看到，那些孩子天真无邪的眼睛里尽是好奇和憧憬。当他们缠着她，问她他们手中钞票对应国家究竟在哪里的时候，她知道，她的目的达到了。

这些来自各国的钱币，虽然面值都不是很大，但是却在那些孩子们的心中埋下一颗探索世界的种子。这些种子，会随着岁月的流逝慢慢发芽，最终长成参天大树，生成一种不休不止的憧憬，成为照亮他们生命的一盏明灯。哪怕未来有一天，他们终将面对人生中的艰难和困苦，但是只要这盏灯不灭，他们便不会被生活的灰暗磨去心中的热情，不会让自己的灵魂在生活的沼泽里堕落。

而这，也许就是诗与远方真正的意义所在。

04

其实，这世上每个人都在追求自己的“诗与远方”，因为每个人的阅历不同，所以每个人的诗与远方都是不一样的。

大街上，见到那些美丽的房子；阅读里，看到怦然心动的句子；旅游时，感受到的广袤天地、厚重历史，这些都是诗与远方的具体表现。

高晓松曾经在《高晓松 184 天监狱生活实录：人生还有诗和远方》这么写道：“我妈说生活不只是眼前的苟且，还有诗和远方。我和我妹妹深受这教育。谁要觉得你眼前这点儿苟且就是你的人生，那你这一生就完了。生活就是适合远方，能走多远走多远；走不远，一分钱没有，那么就读诗，诗就是你坐在这儿，它就是远方。”

所以说，诗与远方并不等同于旅游，有空的时候便去看看世界，没空的时候便坐下来读读诗。长此以往，就算不去旅游，诗与远方依然在你的心中。

别让你的人生为省钱服务

01

说一个真实的故事。

我的大学同学沫沫出身于一个普通家庭，父亲是国企的职员，母亲是个家庭主妇，沫沫在家里排行老二，上面有一个大她三岁的姐姐。这样一个四口之家，全靠沫沫父亲那一点微薄的薪水撑着，可想而知，生活有多拮据。在这样的环境下长大，沫沫从小就养成了节俭的习惯，能不花的钱绝对不花，必须花的钱尽量少花。这个习惯一直延续到了她大学毕业。

大学毕业之后，沫沫进了一家国企，每天朝九晚五浑浑噩噩地混日子，一个月领着四千多块的工资，吃不饱饿不死。之前我一直觉得，在我们这个二线城市，拿着这份工资，沫沫的生活虽不算富裕，但至少应该殷实。但是一次受邀去沫沫家吃饭，却瞬间让我彻底无语。

那是在九月中旬，趁着中秋，我去了趟南京旅游。回来的时候，我给沫沫带了点特产，沫沫很高兴，要留我在家吃饭。我欣然应邀，跟在沫沫身后走进厨房，准备给她打打下手。

我一边说着在南京的见闻，一边看着沫沫轻轻打开墙角的小冰箱，从里面小心翼翼地拿出食材，然而，当我看到食材的那一刻，彻底说不出话来了。

一根用塑料袋包着的外圈发黑的白萝卜，一袋蔫黄的娃娃菜，两粒鸡蛋，两粒还算完整的小番茄……

老大，你这是贫民窟吗?

我目瞪口呆，忍了半天还是没忍住，还是开口问道，沫沫啊，你平时就吃这些吗?

沫沫理所当然地点点头，一本正经地说道，对啊，你别看这些都是素的，但是比起那些鱼啊肉啊的，这些健康多了，既省钱还减肥。

我心里朝天翻了个白眼，耐着性子说道，沫沫啊，我的意思是，这些都坏掉啦，吃了对身体不好啊……

许是看出了我一直游离在萝卜底端的眼神，沫沫有些尴尬地摸了摸鼻子，还是坚持道，白萝卜底端发黑是因为放久了，不过待会儿把那段坏掉的切掉，剩下的还是可以吃的。娃娃菜虽然有些蔫了，但是煮完之后是吃不出味道的，最重要的是，这样每斤还可以便宜五角钱……

我有些呆滞地看着她，突然觉得自己好像穿越回了我奶奶的那个时代。看着沫沫熟稔地切去萝卜的底端，接着用一盆水接连洗了碗、萝卜、白菜和番茄，莫名地，我觉得有些反胃。

那天的最后，我终是过不了自己这关，随便找了个借口，落荒而逃。让我诧异的是，沫沫送我出门的时候，我竟然看见她的眼底闪过了一丝欣喜，突然之间，沫沫从前在我心里积累的形象轰然倒塌，我想，我可能以后再也不会来她家了。

开车回家的路上，我心里很不是滋味。其实，我并不是反对省钱这回事，相反，我认为这是一个很好的品质，是一种良好的生活态度。在没有足够的经济能力的时候，省钱可以有效地避免在未来遇到一些突发状况的时候，因为没有储蓄而导致很多尴尬的局面。但是同时，我也坚信，为了省下一点点钱不惜牺牲自己应有的生活品质的人，实际上是对自己生命最大的浪费。

金钱存在的意义，应该是为了人而服务的，而不是让人们用自己美好的生命为钱服务。长时间过度节俭的生活，抹杀的不仅仅是你青春的朝气和对生活的热情，更多地是你去思考人生、磨炼一技之长的斗志！

02

小溪是我在写手圈里认识的朋友，平日里她是个捧着铁饭碗的公务员，每天朝九晚五，领着和沫沫差不多的薪水，却过出了和沫沫截然不同的生活。

她每天上午工作，下午写书，闲暇之余买买买，年假时间旅旅游，日子过得惬意舒适，时尚自由。之前很长一段时间里，受沫沫的影响，我一直以为小溪是个“月光族”，直到今年六月，她用自己在股票市场里赚的钱和这两年写书赚的稿费付掉了房子的首付之后，我才知道，原来，她闲暇之余的买买买，买的除了那些既在自己经济承受范围内又能彰显品位的衣服和包包之外，更多的是能够提升自己见识的书籍；原来，她每年利用年假时间出去旅游，既是在不断拓宽自己的视野，又是在为自己的小说积累素材；原来，在她每一次大手大脚花钱的背后，是她对自己一次又一次的投资。

后来有一次和小溪聊天的时候，小溪告诉我说，其实小的时候，她们家的情况也不好，父母为了尽可能地省钱，几乎剥夺了她的一切快乐。直到自己大学毕业，她都没有去过游乐场。虽然后来当她有了足够的经济实力，花着自己的钱走进了游乐场的大门，但是彼时，阅尽千帆的她却再也感受不到童年的那种悸动了。这是她一生的遗憾。

工作一年，她看中了一套房子，回家和父母商量，父母很是支持。他们翻出了过去几十年所有的积蓄，却发现，几十年里从牙缝之间省下来的钱甚至凑不齐大城市一套房子的首付！

小溪说，她永远也无法忘记那时候父母眼中闪过的痛楚，从前父母在每个月十几块钱的工资里省下几块钱是多么不容易，但是那几块钱在现在看来，还顶不上一顿饭钱，也是在那一刻，她深刻地体会到了人民币贬值的残忍。那一天，她的金钱观发生了翻天覆地的变化，她再也不相信所谓省钱的理论了。她开始有意识地利用手上的钱进行自我投资，让手头上的钱以知识品位等形式，在自己的身上转换成无形资产，让财富得以保值，甚至数倍地升值。

那之后，结合了自己的工作和兴趣，小溪重新分割了自己的时间，她开始提高自己的效率，将公司所有的工作集中在上午完成，午休过后，便是她的写作时间，晚上下班之后去健身房一小时，而后回来，或者看书，或者找网校的视频学习金融知识，或者看些杂志学习时尚潮流。

我有些动容，同处体制内的我，很是明白要想在那样闲散宽松的环境里保持这样努力向前的激情而不被同化是一件相当困难的事情，不光要有毅力，还得有耐心和决心。且不说从头开始学习和自己专业不相干的金融知识，就说写作这档事，刚起步时随便报废个几十万字也是很常有的事情。

03

我问小溪，那段时间，你有没有动摇过？

小溪歪着头，想了一会儿，还是认真地点了点头，说，有，但是，比起怕失败，我更怕我的未来会像我父母一样，好不容易来这世上走一遭，结果却把美好的人生全用在了省钱上。

小溪的话如同一把刀一样戳进了我的心里，让我不禁想起了沫沫。说到底，我们这一代人生活在一个人民币不断贬值的低利率时代，父辈那一套节衣缩食省钱存银行吃利息的观念，早已经被时代大潮远远抛弃。在我们这个时代，最好的省钱方式，其实就是去赚钱，而要想能够成功地赚到钱，我们首先应该学的，是花钱。

花钱投资自己，让自己变得更加强大，努力磨炼能让自己在社会上立足的一技之长，让手头上有限的钱，以知识、技能的形式在自己的身上转换成无形资产，得以保值。而后，再把这些一技之长投入市场，去竞争，去赚钱，以钱生钱，让钱在市场中不断升值，周而复始，良性循环。

写到这里，我突然想起了中国的一句古话，思路决定出路。富人们驾驭金钱，让金钱为自己服务，再利用市场赚钱，结果越来越有钱；穷人被金钱驾驭，每天被困在方寸之地，用自己最宝贵的时间和精力去计较那么一点点钱，也就无暇思考如何赚钱，久而久之，只会越来越穷。

驾驭金钱和被金钱驾驭，说到底，其实也就是思维的差距。

那么，你是属于驾驭金钱的那种人，还是被金钱驾驭的那种人呢?

人生就是不停地选择，然后为自己的选择负责

01

去年十月，我去了趟上海。正巧遇上晓云得闲，便把她约了出来，小聚了下。

我们躲在小酒吧里，谈天说地，仿佛一瞬间回到了肆无忌惮的大学时代。酒过半酣，气氛正好，晓云却突然问了我一个问题。

她说："之宸，你说我是不是选错了路，你说我是不是当初就不该来上海？"

我闻言一愣，实在没想明白为什么晓云会突然问我这样一个问题。

晓云是我的大学同学，这姑娘天赋异禀又勤奋上进，不论是专业知识还是为人处世，都特别厉害。我还记得大四那年，在我们还在为进体制还是去私企纠结的时候，这姑娘便已经目标明确地拒绝了家里的安排，头也不回地去了上海，为自己的理想打拼。

事实证明，晓云的选择确实是正确的，她以那家知名房地产公司为平台，一路磨炼自己的实力，不断地提升自己，终于在半个月前，被提拔为他们公司成本管理部的经理，成为我们几个人中第一个年薪

破了二十万的人。

在我看来，晓云迄今为止的人生轨迹，可谓是个大写加粗的人生赢家，所以，当这个人生赢家四十五度仰望天空忧伤地问我是不是选错了路的时候，说真的，我有点崩溃。

我小心翼翼地试探道：“为什么突然这样说？是工作遇上什么不如意吗？”

晓云摇了摇头，否定了我的猜测。

后来我才知道，事情的起因是不久前，晓云受发小之邀，回了趟老家。

晓云的发小是个传统的姑娘，一路顺风顺水地考入了大学，毕业之后便回了家乡。按照父母的期望，那姑娘进了体制，开始相亲，没过多久，便和一个公务员步入了婚姻的殿堂。婚后两年，那姑娘生了一个大胖小子。晓云那次回老家，便是去喝发小儿子的满月酒的。

晓云说，那次之前，她一直觉得传统女人的一生很悲哀。

人生前十八年，为了父母的期望，努力学习，好不容易考上大学；刚出社会，便被父母亲友以关心为名，各种花式催婚，最后受不了压力，和一个合适却未必爱的男人步入了婚姻的殿堂；而后，生了孩子，为孩子奔波几十年，等到孩子大了，自己也老了，年轻时候所憧憬的梦想，便真正成了梦想。直到最终合眼的那一刻，回首往事才突然觉得，这一生竟然从未为自己活过。

“我从前总是觉得，若是要那样过一生，那我情愿这一趟人间，从未走过。”晓云笑着喝了一口酒，氤氲了双眼，“所以，我一直拒绝平庸，拒绝回到那个破落的小山村。我憧憬着大城市的繁华，我甘愿用汗水为自己的野心献祭。我便是这样坚定着自己的信仰一路走到了今天。可是，不知道为什么，那一天，我看着发小抱着刚刚满月的儿子，幸福地依偎在丈夫怀里的时候，第一次怀疑起了自己当初的选择。”

“之宸，你说，如果我当年没有来上海，而是像我的发小那样，安安分分地回了家乡，你说，现在我是不是也像她那样，虽然收入不高，但是可以守着自己的小幸福，每天过得安逸清闲？如果我当初听了父母的话，规规矩矩地进了体制，那么我是不是就不会像现在这样，一边加班加点地对付那些永远也算不完的工程量，一边还要绞尽脑汁地和工头扯皮？”

“之宸，你说，我是不是真的选错了？也许过来人的话真的是对的？”

我还记得，晓云说这话的时候，漂亮的杏眼里满是憧憬，我想，她是真的有些憧憬那种生活了。

“可是，晓云你有没有想过，”我碰了下晓云的杯子，说道，“若是你当年安安分分地回了家，像你发小那般结婚生子，以你的性子，你的心里肯定满是不甘。就算过了几年，时光磨平了棱角，你渐渐接受了从前最为不屑的生活方式，但是这件事终究会成为你心底的一根刺。若是有朝一日，你见到昔日出来打拼而今功成名就的小伙伴，恐怕那时你又会懊恼，如果当年出来拼的话，会不会如今也像他一样，已经成就了一番事业了？”

02

其实，很早之前，我们就知道，人生是一条不归路，这条路上有无数的岔口，可是我们却只能从中选择一条前行。

选择了平坦安逸的生活，必然不会感受到拼搏过后满满的成就感，但是选择了荆棘遍地的道路，也会在夜深人静之时憧憬着平淡清闲的人生。我们都知道鱼与熊掌不可兼得，选择了其中一个，必然要承担起放弃另一个的代价，但却总是在选择了其中一个之后，又忍不住去想，若是我选了另一个，结果会不会更好。

这是种很正常的心理，因为人的一生，总是在不断追求自身利益的最大化。如果可以，我们恨不得能够将所有的路都尝试一遍，然后再回到最初的分岔路口，选择一条对自身最有利的路。但是，人生偏偏是条不归路，一旦做出选择，便再也没有后悔的余地。

所以，有些人恐惧选择，因为害怕一旦选错，有些代价是自己所承受不起的。

所以，有些人渴望那些过来人的指点，希望以他们的经验为依托，让自己在做决定的时候，避开错误，或者至少少犯错误。

但是，你有没有想过，别人的建议是基于他的智商、情商，基于他对这个世界的基本认知以及过往的经验，但是经验往往会犯错，认知也会有缺陷，这世界上本不存在真正的“感同身受”。

在这个世上，最了解你的人，只有自己，而最终能够对你的人生负责的，也只有你自己。既然如此，为什么不一开始遵从本心，选择一条自己真正想走的路呢?

03

曾经有一段时间，我被家里七大姑八大姨催婚催到简直怀疑人生，有一次，实在受不了各种轮番轰炸的我，大过年的，一个背包，一张车票，甚至连攻略都没有做，大清早地逃往火车站，一趟动车直奔成都散心。

本来以为十五个小时的动车之旅很会无聊，没想到，机缘巧合之下，却和邻座的小姐姐聊了起来。

小姐姐姓肖名洛，正是成都本地人。肖洛告诉我说，就在半个月前，她请了年假去了一趟法国，在那个浪漫而热情的国家，过完了她三十五岁生日。

我闻言一惊，实在很难想象，面前这个看起来和我差不多大的小姐姐，竟然比我大了整整十岁。

于是，我很弱弱地问了肖洛一句，小姐姐，你现在还单着，你爹妈难道不催吗?

谁知，肖洛摇了摇头说道:“不催了，因为我已经和他们说过了。我不愿意去将就，也不想要为了什么去委屈自己。人生就这么短，我想按照自己的想法来生活。”

“那你会不会害怕？”脑子里无端闪过七大姑八大姨花式催婚的说辞，我很是迷茫地问肖洛道，“你难道不害怕世俗的流言蜚语，不害怕就这样一个人孤独寂寞地过一生？”

“说不害怕绝对是假话。”肖洛叹了口气，偏头深深地看了我一眼，“但是，比起这个，我更害怕我的人生就此止步。”

也是在这个时候，我才知道，原来真的是“同一个世界，同一个妈”，全世界的七大姑八大姨们都极度热衷于花式催婚这一茬。

“其实，我在你这个年龄的时候，也曾像你这样迷茫彷徨过。”肖洛说，“我还记得那时候，七大姑八大姨每天都在告诉你说，女人最宝贵的是青春，你应该趁着年轻貌美，赶快结婚生子；父母每天在催促你，说不孝有三无后为大，再不结婚就老了，过了三十岁，可能只能找个二婚的嫁了。那时候，似乎全世界都在告诉你说，这个年龄，你该做的事情只有结婚生子，该走的路唯有相夫教子。说得多了，就连我自己也差点觉得这才是真理。”

“那后来呢？”我问道。

“后来，我机械地相亲，在各种各样枯燥无味的相亲里，压抑地过了一年。直到有一次，因为业务的事情，独自出差去了趟上海。”

“我还记得那天晚上，我忙完了工作，大半夜的，突然不想回酒店，闲逛着就来到了外滩。在观景台上，我吹着夜风，遥望着对岸的陆家嘴明亮的灯光，突然想到了很多。”

“那天晚上，我尝试着按照父母给我设计的人生想了一遍——在不断地相亲中渐渐迷失，最后和一个长辈口中合适而非自己真正喜欢的人结婚，被一纸婚约束缚，终日在家庭和孩子之间打转，所有追求的梦想，彻底停止……”

“想着想着我便惊出了一身冷汗，”肖洛说，“我问自己，这真的是我自己想要的生活吗？”

“也许是夜深人静的时候，更容易听到心底的声音吧。我清楚地听见，心灵深处那种恐惧和不甘，那一刻我突然明白了，如果我真的放任自己，按照这条路走下去，未来有一天，当我回想曾经，我一定会痛恨自己的。”

“从上海回来之后，我便和父母摊牌了。我拒绝了所有的相亲，将缘分交给上天，我重新找回了自己的梦想，制订了详细的计划并赋予实践，我将那些想要看的风景一一列出，然后安排时间一个国家一个国家去旅游。这些年，我觉得我过得很充实，很快乐。”

“但是说实话，这些年，夜深人静的时候，我也会感到寂寞，”肖洛说，“我也会问自己，这样做真的对吗？若是错过了最好的年华，若是真的一辈子都遇不到那个对的人，那我是不是就会真的这样，孤独终老？”

“可是后来走的地方多了，也就渐渐明白了。人生就是这样啊，每一条路都各有利弊，有快乐也有悲伤。选择了一条路，享受了它的好处，自然要承担起相应的代价。就好比我自己，我不愿意向世俗妥协，也不愿意委屈自己去将就一个不爱的人，这是我的选择，若是我最后真的因为这样孤独终老，那也是我该为自己的选择而付出的代价。”

我闻言心里咯噔了一下，只觉得胸腔像是被人狠狠地敲了一下，有种闷闷的感觉。那一刻，我突然明白，这世上真的没有免费的午餐，你做了什么选择，得到了什么东西，便必然要承担起对应的责任，付出相应的代价。

04

后来，我走了许多地方，见了许多人。见过早早结婚，相夫教子，过着平凡日子却很幸福的人；也有终生未婚，却过得自由而快乐的人。**再后来，我便明白了，其实这个世上，每个人都是不一样的，有人追求拼搏的快感，有人偏爱安逸的幸福，有人崇尚不羁的自由，也有人喜欢蜗居的舒适。这是每个人价值观不同造成的，并没有绝对谁对谁错，谁比谁高尚。**

而人生确实是一条不归路，那么多条岔路，我们每个人却只能选择其中一条。这看起来真是有点无奈，但好在上天是公平的，任何一种选择，都利弊共存。你享受了它的好处，自然也要去承担相应的代价。

若你选择早早迈入婚姻的殿堂，那么你在享受相伴的温暖的时候，也别抱怨婚姻生活里的一地鸡毛；若你选择潇洒不羁的单身主义，那么你也别在空虚寂寞冷的时候羡慕那盏彻夜亮起的灯火。

不要因为担心付出代价而害怕选择，不要屈从于别人所谓的指点，去选择一条自己不喜欢但是大众普遍认为是正确的道路。这世上根本不存在绝对的对错，不论你选择哪一条路，都有利有弊，不论你做了什么选择，你都将得到一些东西，然后去承担对应的责任，付出相应的代价。

区别仅仅在于，你得到的究竟是不是你想要的，而你付出的代价究竟值不值得而已。

既然这样，那不如一开始便为自己而活，遵从自己内心的声音，选择一条你真正想走的路，哪怕真的错了，也没关系，至少在那个时候，你做了自己最想做的选择。

因为人生本来就是不停地选择，然后，为自己的选择负责。

在能力范围内尽可能精致地生活

01

首先分享一个故事。

故事的主人公，是一个男孩。

男孩出身农村，是家中的长子，在他之下，还有两个弟弟和一个妹妹。男孩八岁那年，母亲在生妹妹的时候难产走了，全家人的生计全部压在了父亲一人身上，因为这样，男孩在很小的时候就学会了节俭，学会了如何将一分钱掰成两半来用。

后来，为了减轻父亲身上的重担，男孩在上完中学之后便辍了学，跟着父亲进城打工，以此养活年幼的弟弟妹妹。打工的生活很苦很累，为了省钱，男孩几乎没有多余的夜生活，每天上完工之后，男孩回到宿舍，几乎都是倒头就睡。

男孩十几年如一日地浑浑噩噩，只是单纯地出卖劳动力来获取报酬，根本没有想过利用那些青春去磨炼自己的一技之长。这样的生活一过就是十几年，他的弟弟妹妹接连成人，走入社会，有了体面的工作。而男孩也有了自己的家庭，妻子给她生了个女儿。渐渐地，他发现，自己力不从心了。大城市的生活成本日益增长，房贷学费压得他喘不过气，他想出去多打几份工，可是，上了年纪又无一技之长傍身的他，再也拼不过那些源源不断涌入城市的小年轻了。

后来，找他干活的人越来越少，家庭的重担却越来越重。男人没有想着趁着还算年轻去学门手艺，反而将所有心思放在了省钱上面。为了省钱，他将生活标准降到了最低，一日三餐吃着最简单的青菜配饭；为了省钱，他没有让女儿去教育条件更好的公立小学，反而为了省下几百块钱，将女儿送去了校风混乱的私立小学；为了省钱，他拒绝了女儿想去培训班的想法，硬生生地将女儿的兴趣浇灭在了萌芽状态；为了省钱，他从不给女儿买课外杂志，也没有给女儿买过生日蛋糕。他不在乎女儿究竟过得快不快乐，不在乎女儿的教育，不在乎生活过得粗不粗糙，也没想过要为精致的生活去努力，他在乎的只有今天该如何从最低日常开销里再省下几块钱，他在乎的只有银行卡里的余额究竟还有多少。

可能连他自己都不知道，日复一日地过着如此粗糙不堪的生活，剥夺了所有人的幸福和快乐而省下来的那一点点钱究竟有什么意义。也许是出于年轻时候的习惯，也许是出于一种对未来不确定性的担忧，这样粗糙的生活一过就是二十年。我不知道他的女儿在这样的环境里到底是怎么走过了整整二十年，我也不知道他的女儿最后付出了多少努力才考上了厦门大学这样的名牌学府。

所幸，他的女儿和他一点也不像，他的女儿很争气，毕业之后通过自己的努力进了银行，而后一路晋升，渐渐地有了自己的积蓄。渐渐地，女儿看到了更好、更大的世界，开始装扮自己，有了想要追求更好、更精致的生活的念头。

这本来是很好的一件事，可是这一切落在他眼里，却变成了大把大把金钱的无端流失。童年时期的穷苦，青年时期的省吃俭用，已经让男人将节俭融进了骨子里，一切高于最低生活标准的花费都是一种对金钱的浪费。哪怕他们如今的生活早已不像从前那般捉襟见肘，哪怕他们早已经有能力过上更好、更精致的生活，他依旧坚守着从前那种粗糙的生活，甚至，他有些病态地见不得身边的人花费金钱，过不一样的生活。

那个男人是我的朋友小 A 的父亲，而小 A 和我说这件事的时候，是在大年三十的晚上。她刚刚和她的父亲大吵了一架，气愤地离家出走去了酒吧。这一切的起因竟然是，她为了改善家里的伙食在酒店里定了一桌 688 元的如意团圆盆菜。

我赶到酒吧的时候，小 A 已经有些微醺了，从来坚毅果敢的眼睛里水光潋滟，她看到我，和我说的第一句话是："之宸，你知道吗？刚刚我父亲给我打电话，没有问我在哪里，没有叫我赶快回家，他只是一个劲儿地催我，趁着那盘盆菜还没动过，赶紧拿去退了，把那 688 元拿回来。在他的眼里，我的安全竟然还比不过那 688 元！他自己不想过好的生活，为什么还要阻止别人去过好的生活呢？"

小 A 说着说着，眼泪就掉了下来。我心里五味杂陈，说实话，如果不是亲眼所见，我真的不会相信，这世上竟然真有葛朗台一般的人存在。一时间，我真的不知道该怎样安慰小 A，只能挨着她坐下，抱了抱她，让她靠着我，在这个冰凉的除夕夜里，尽可能多得到一些温暖。

02

很早以前，我就听过一句话，叫作“由俭入奢易，由奢入俭难”，但是在我看来，“由俭入奢”也未必容易，尤其是那些已经勤俭节约了大半生，早已将节俭融入骨髓的人。

有时候想，习惯是个很可怕的东西，一旦习以为常，你便会觉得理所当然，日子久了，你甚至会觉得，那样的生活才是正确的。

其实，除了那些天生含着金钥匙出生的人，大多数普通人，在年轻的时候，都会经历贫穷。贫穷并不可怕，可怕的是你面对贫穷时候的生活态度。有的人被贫穷磨去了棱角，失去了对精致生活的向往，粗糙的日子过久了，便会觉得日子本来就应该是这样的，自己也只配得上这样的生活，从而失去了对更好的生活的追求之心。但有些人，在最艰难的时候，依然保持着对生活品质的追求，在自己的能力范围尽可能让自己精致而体面地活着。

03

明明是我的同事，我们最开始熟识，是在公司的内部培训会上，我们是同一批进的公司，年龄相仿，又同在一个部门，很快便打成了一片。

后来熟了之后，我便发现，这姑娘平时对衣食住行都很有研究，她的东西不多，但是每样都很精致，她的每一件衣服都能搭配得恰到好处，还不带重样，让人非常赏心悦目。

我一直以为对生活这么有追求的姑娘，家庭条件应该挺好的。直到后来有一个周末，明明邀请我去她家烧烤的时候，我才知道，原来，她家并不像我想象的那般富有。

明明出生农村，家里还有一个哥哥一个妹妹，她每个月除了要给父母寄钱，还要负担妹妹的一部分学费，而剩下的钱，就只够她在城郊的火车站边租一个在顶层违章搭盖的小房子了。

我还记得那天，坐了半小时地铁找到明明家的时候，才发现那地儿有多荒凉。按照明明发来的定位，我在一群破败不堪的民房之后，找到了附近唯一一栋高层建筑，楼层很高却很破旧，我坐着电梯一路直达顶层，然后，一转身便看到了通往天台的大门。

推开天台门的刹那，我只觉得自己推开了新世纪的大门，刚刚一路上的荒凉破败仿佛已经是另一个空间了。在那个偌大的天台上，我看见了各种各样的花花草草，而明明蹲在那群花花草草中间，正在浇水。她打理得很用心，花花草草也长得很好，阳光落下，微风拂过，整个天台绿意盎然，生机勃勃。

明明说，她当时看中这儿，就是看中了这个天台，房东说，只要不影响其他住户，这天台就任由她处置，这个附加条件简直令她欣喜若狂。

明明说，她从小就喜欢养花花草草，在很小的时候，她理想中的房子就是要能有这样一个大大的生活阳台，可以让她尽情地打理花花草草。可是，在我们这个城市里，不论是出租还是购买，带有这样大阳台的房子，都不是现在的她能够负担得起的，直到，她看到了这个天台。

她说这话的时候，已经打理完花花草草，将我迎进了屋里。姑娘的小屋装饰很精致，不足 30 平方米的小屋被划分为卧室、阳台、卫生间三个区域。进门脱鞋，地面上铺上了色块拼接而成的泡沫地毯。地毯的尽头是一个粉色塑料衣柜，柜帘是一只可爱的米菲兔，衣柜旁边是一张铺着粉红色的被褥的席梦思床，床上方的淡粉色蚊帐轻巧地绑在床柱上，床边的柜子上摆着小巧的杯子。而正对着床的方向，有一扇窗户，窗前淡粉色蕾丝点缀的窗帘被拉到一边，透过窗户，便能看到窗外那一片生机盎然的植物。

我看着这一切，只觉得来的路上看到的那一片荒凉心酸早已经不见了踪迹。我说：“你把这儿打理得这么好，花了很多钱吧？”

明明点了点头说：“是啊，差不多投了一个月工资进去吧。虽然一开始很肉痛，也想过随便来就好了，但是最后还是不死心，毕竟这是自己住的地方啊！每天的工作已经让人很疲惫了，如果住的地方还是乱七八糟，那样的生活也未免太惨了点吧！”

“而且之宸，你看，”明明说到这儿，拉着我走出了小屋，骄傲地向我展示身后这一片绿意，她说，“我虽然没钱，但是我会计算。你看，现在我每个月只要交 800 块的房租，就可以拥有这一整片的天台。我可以尽情地在这边打理我的花花草草，还不用担心邻居来和我投诉，这是我的私人花园，我可以只花买种子和买土的钱，就给自己创造一片绿意，过上理想中的生活，你看是不是很棒？而且我相信，只要我努力，终有一天，我能够在市中心买下一套带有大阳台的房子！”

我看着明明，心里刚开始的抵触和同情瞬间荡然无存。我突然觉得，明明才是真正的人生赢家。虽然她不富有，可是她清楚地知道自己要什么，她有着自己的梦想，哪怕贫穷也不会让她降低对生活品质的追求，她在自己的能力范围之内尽可能追求好的生活，每天斗志昂扬地向前，为着更好的未来奋斗。她用自己的故事告诉我，生活的品质和财富的多少真的没有什么必然关系。

我看着满眼的绿意，突然觉得眼前的一切已经难以用“温馨”来形容了，或许“态度”才是生活的真谛。

学会和孤独相处

01

深夜，当我改完稿子，打开后台的时候，看到了一条来自读者的留言。

她说，她出生在一个普通家庭，小的时候，父母为了打拼事业，经常把她一个人锁在空荡荡的家里，一锁就是一整天。每每这个时候，她就只能透过防盗网，看着楼下孩子们嬉笑玩耍，肆无忌惮的笑声透过玻璃窗萦绕在她的耳边，让她既是羡慕又是嫉妒。时间久了，就慢慢变成了一种对人群的渴望以及对孤独的恐惧。

随着她慢慢长大，这种对孤独的恐惧不但没有被时光磨平，反而愈演愈烈。她热衷于各类社团活动，流连在各式各样的聚会之间，所有人都以为她性格外向，八面玲珑，可是只有她自己知道，她才不是什么活泼好动长袖善舞，她只是害怕独处，害怕再一次被孤独笼罩。

可是，很快，她发现这些聚会活动不能满足她的需求了，毕竟，天下没有不散的筵席，当聚会散场，她又不得不回到只有一个人独处的局面。

最后，她问了我一个问题，她说，之宸，我真的是怕极了孤独，你说，有没有什么办法能够让我彻底摆脱孤独呢?

02

看到这个问题，我想了很多。

这世上没有一个人喜欢孤独，但是，却也没有一个人能够逃过孤独，因为人世间所有的陪伴都是有期限的。

父母能够陪着你长大，但是他们会慢慢老去，终有一天，会先我们一步离开；孩子能够陪着我们走过一段时光，但是，随着他们长大，终有一天，他们也会离开我们，翱翔在属于他们自己的世界；朋友能够陪我们打发一段寂寞的时光，但是，世事无常，谁都不知道下一秒一个转身会不会就再也见不到了；至于我们的伴侣，且不说三年之痛七年之痒，就算有幸能够携手白头，但是终有一天，生死也会将我们分开，总会有一个人走在了前面。

人这一生中，孤独其实是一种常态，它避无可避，如影随形。因为你的生命中遇到的每一个人，能够陪着你走过的，终究只有人生的一段，能够陪着你走完一辈子的，除了你自己，就只剩下孤独。

所以，与其害怕孤独，不如坦然接受，因为人活一辈子，或早或晚是要学会和孤独相处的。

03

我曾经在旅游途中遇见过一个老太太。

老太太年近古稀，神采奕奕。她一个人带着一条狗，一边游世界，一边追求心中的艺术，颇有些现实版的思特里克兰德的感觉。

我遇到她的时候，她刚刚从西藏回来。她这一趟整整走了三个多月，从成都出发，一个人一条狗，徒步只身进藏朝圣，去感受天地之大，去体会生死之界。

老太太说，她下一步准备去欧洲，去近距离临摹大师的杰作，看看米开朗琪罗的《创世纪》和达 · 芬奇的《最后的晚餐》。

说实话，这还是我第一次见到如此自由而有追求的老人。一时兴起，我便来了兴趣，开始和老太太聊起了人生过往。

也是在这时候，我才知道，原来，老太太并不是天生便如此自由不羁的。

老太太出生在一个书香门第，长大后由父母做主，嫁了个富裕之家。婚后，夫妻相敬如宾，唯一的女儿又上进又聪明。老太太就这样深受宠爱地过了半辈子，直到四十三岁那年，老天爷终于妒忌了她的好命，一场车祸，将她的丈夫和女儿双双夺去，独独留下了一笔庞大的遗产和一个空荡荡的房子。

老太太说，虽然到现在，她已经可以坦然接受丈夫和女儿已经不在了的事实了，但是，她依旧记得，自己初闻噩耗之时那种锥心之痛。

老太太说，她一直以为，在没了丈夫和女儿之后，她会活不下去。尤其每天回到那栋空荡荡没有人气的房子的时候，都让她再次坚定了这个想法。那段时间，她患上了严重的抑郁症，甚至多次有轻生的念头。为此，她看了许多心理医生，也吃了很多药，可是，不论是心理咨询还是药物治疗，她始终都无法摆脱内心深处的无助、绝望和孤寂。最后，心理医生建议她，出门走走，去看看这个世界，去找点自己真正想做的事情。

年近半百的老太太走出了家门，和家里唯一的活物——一条老狗，开始了名曰旅游实则漫无目的的流浪生活。他们相依为命地走过了一座座城市，涉过潮来潮去，看过万里河山，终于，在那条全球闻名的香榭丽舍大街上，老太太骤然忆起了已经被自己遗忘多时的画家梦。

那一刻，老太太重新找到了生命的意义，年近半百的她，毫无畏惧地从零开始，一笔一画地学起了油画，开启了自己追求艺术的道路。

如今，一晃二十多年，曾经的绝望和不知所措，终于还是在时光的作用下慢慢淡化了。老太太说，如今她算是看开了，这世上本没有谁离开谁是过不下去的。在人生之旅中，若是有幸得遇一人相伴，那你便好好珍惜，活在当下。若寻不到，或者得而复失，也不必慌。毕竟，人生在世，有人陪是幸事，无人陪是常事。生命中的每一个人都只能陪着你走过一段时光，每个人都要学着如何与孤独相处。而她的丈夫和女儿只是提前离开，而她，也只是需要再次学习，如何与孤独相处罢了。

04

中国台湾知名作家蒋勋曾经说过："孤独没什么不好，使孤独变得不好的，是因为你害怕孤独。"

说实话，我很赞同这个观点。

人这一生，所有的陪伴都是有期限的，你在生命中遇到的每一个人，能够陪着你走过的，终究只有人生的一段。就算你拼了命用各种方式来逃避孤独，到头来也会发现，孤独是这世上最不能避免的事情。

与其恐惧彷徨，不如坦然接纳，学着与它相处，将孤独作为人生的一种常态来对待，利用孤独来圆满自己的人生，时时刻刻地做好一个人走下去的准备。如此，孤独不仅不会成为你恐惧的根源，反而还会让你的生命得到升华。

你不是没有毅力，你只是没有动力

01

午休的时候，敏敏给我发了一条微信。在微信里面，她和我说了她最近的烦恼。

敏敏是我的舍友，是个典型的北方姑娘。大学毕业后，敏敏顺从了父母的安排，回到了家乡，而后，在父母的安排下，进入了一家国有企业上班，成了我们之中最早拥有铁饭碗的人。

说实话，在刚刚毕业那一阵子，天天熬夜加班赶工程的我们，是很羡慕敏敏的朝九晚五，只是每次在群上谈起这件事，敏敏总会很无奈地发个笑脸，然后迅速地转移话题。

那时候的我们没有明白，敏敏这些举动背后的含义。直到后来，我考入了体制，才真正明白，所谓铁饭碗，根本没有外边传的那般轻松和自在。

在考入体制之后，我和敏敏一下子多了很多共同语言，在我们单独聊天时，她偶尔会偷偷地和我抱怨几句。

而敏敏这次在微信上和我抱怨的，就是她的工作。

敏敏和我说，自打她进入公司以来，他们部门里最苦最累的活儿基本上都是她一个人干了。平日里，出差外派的是她，做标书的是她，加班加点的是她，可以说，他们整个部门最忙的人是她，可是最后拿钱最少的还是她。她感到非常委屈，凭什么做事的时候一个个都躲在后面，领好处的时候一个一个都出来争利益了呀?

我安慰敏敏说，这世上，不论你走到哪里，都有规则的存在。没有规矩不成方圆。体制内有体制内的规则，如果你真的这么不喜欢这样的规则，那你其实可以利用业余时间提升自己，发展出一份兼职或者是磨炼出自己的一技之长，这样，如果未来有一天，自己真的无法忍受这种境遇的时候，也好说走就走，不再委曲求全。

这些真是我的肺腑之言，我自己就是这么做的。那天，敏敏听完我这些话后，好久都没有回应我，久到我以为她已经下线，准备睡过去的时候，手机却突然抖了一下。

我点开一看，是敏敏。她和我说，她是不会离开的。

她说:“之宸，我和你不一样，你是带着写作的目的，自愿进的体制，你也是靠着自己的实力进的体制，所以你没有包袱，所以你可以说走就走。但是我不行，说真的，如果不是万不得已，我不敢说辞就辞。”

我看完这段话就愣住了，也是在那时候，我意识到，每个人的境遇是不一样的，有的时候，并不是所有人都可以自由地去选择自己的人生。

我正想着怎样去补救一下，那边敏敏就已经话锋一转，和我说道:

“其实，之宸，我今天来找你，是想问你一些关于英语的事情。”

我一头雾水，实在没想到这事怎么就和英语扯上了联系。

敏敏告诉我说，最近这一阵子，她心里有着这样那样的顾虑，导致每天都过得很纠结，这样的纠结在无形之中让工作本身的痛苦成倍放大。终于，敏敏觉得自己受不了了，便接受了朋友的建议，想要学习英语，一来转移自己的注意力；二来，也算是弥补当年大学时期六级没过的遗憾。

可是，理想很丰满，现实很骨感。敏敏说，自打她下定要学习英语的决心，整整半年了，她的单词表仍停留在字母A的部分。她很认真地问我：“之宸，你说，我最近是不是真的老了？我怎么觉得我现在做事情越来越没毅力了？似乎再也找不回从前的那股拼劲了。”

可能真的是当局者迷旁观者清，看到这里，我大概明白了敏敏没有毅力的原因。于是，我和她说：“亲爱的，所谓毅力和年龄真的没有什么必然的联系。虽然大家都知道，随着年龄的增长，精力和注意力势必会随之下降；然而，却没有一种科学研究证明，毅力也会随着年龄的增长而下降。”

“要我说呢，你最大的问题，不是毅力不行了。最根本的原因，其实是你的目标太随意，动机不够强。”

“如果你只是为了转移自己的注意力去学英语，作为一种娱乐可以，但是，你要想真真正正把英语学好，单靠那一点动机，是远远不够的。人生来就有惰性，如果你一开始就把学英语这件事，定位成和看剧、刷微博一样，是一种可有可无的休闲运动，那么，在你的潜意识里，你就会觉得，这事可做可不做，做好了不会怎么样，做不好也不会怎样。而学好英语，是对自身现有状态的一种突破，在这个过程中，你必然会遇到一些困难，经历一些苦难，而如果这时候你没有强大的动机作你的储备力量，放弃是分分钟的事情。所以，如果你是真的想把英语学好，那不妨给自己换个动机，比如说考证或者是兼职之类的，这样或许会更加有用。”

02

如果条件允许，没有人愿意往前走，也没有人愿意持之以恒地去奋斗。因为努力是件很辛苦的事情，把自己从一种生活状态中剥离出来，完成一次成功的蜕变，那过程确实是不乏痛苦。

所以，才会有那么多人明知道世界在变，却还是宁可日复一日地待在自己的舒适区里，心甘情愿地成为一只被温水煮着的青蛙。因为他们缺少一个足够强大的动机，或一个足够危险的环境，去促使他们做出改变，去逼迫他们努力坚持。

正所谓，没有动机就没有动力，没有动力自然也就没有毅力，说到底，这世上，所有成功和坚持的背后，一定会有一个强大的动机，作为精神支柱，支撑我们走过黑暗，克服一次又一次的懒惰心理，走出舒适圈，去完成突破，实现蜕变。

03

三年前，我大学毕业。为了在养活自己的同时，能够有时间和精力继续我的小说创作，我在一家大型咨询公司工作了半年之后，辞职考入了体制。

那一阵子，我每天都在写稿，可是每天都在被退稿。我渴望写作改变我麻木不仁的生活，可是到最后，却偏偏又是写作让我的生活雪上加霜。很多次，我甚至都想放弃这个梦想，辞去工作去为物质奋斗，然而，最后一刻，对梦想的渴望还是让我咬着牙，遏制住了自己的冲动。

整整一年，靠着体制内那点吃不饱饿不死的工资，我几乎快要穷疯了。也是因为这样，在工作的第二年，我才下了决心，停了三个月创作，去备考二级建造师，原因无他，只是为了那每年八千块的证书补贴。

那是我第一次考二级建造师，按照规定，我得在两年之内通过《建设工程施工管理》《建设工程法规及相关知识》《专业工程管理与实务》这三门考试。至今还记得，我报考的时候，距离真正考试剩下不到三个月的时间。曾经考过的同事们都说，时间太紧，又是第一次考，没有经验，三科一次通过的可能性很小。他们和我说，当年他们在我这个岁数的时候，花了好几年都没考下这个证，他们觉得，我也会走他们的老路，付出了努力最后也只是扑了个空。所以，他们便要我事先做好思想准备，将这次的考试当作一次体验，不要太在意最后的结果。

我当时脸上笑着应了下来，心里却并不当回事。那时候，我满心满眼都在想，老子怎么可能不在意？就凭每个月那一点吃不饱饿不死的工资，我付完房租后，连存钱都困难，更别提在这儿买房了。

也是在那时候，我就和自己说，必须一次性过，如果这次过不了，我就去辞职。没有钱还谈个屁梦想，我必须要趁着还年轻，还有精力，先去赚钱，至于梦想什么的，大不了等有了钱再说。

抱着这样的想法，那三个月，我每天过得生不如死。起床睁开眼，洗个脸就上班干活，下了班后便往图书馆一钻，念书到闭馆。背书背累了，我就做题；做题累了，我就站起来继续背书。

那三个月，我卸载了微博、微信还有所有的游戏，每天到了图书馆就开启了飞行模式，除了晚上和爸妈打电话报个平安，剩下的空余时间，全部投入到了备考当中。整整三个月，我把自己活成了一部机器，除了学习，基本上不再想也没空想其他的事情，我告诉自己，不成功便成仁，我没有时间再来一次，所以，就算是为了那个虚无缥缈的写作梦，这一次，无论如何，我也得一次性过掉。

现在想起来，可能那时候真的是穷疯了，后来，我竟然真的只用了三个月就把二本书都背完了。不仅如此，我还用平日里的碎片时间，把历年真题在软件上都做了一遍。考试的那一天，我出乎意料地得心应手，出了考场的那一刻，我想，我应该是过了。

后来，果然没有预料错，我不仅一次性通过了二建的考试，而且还取得了一个很高的分数。第二年同样的时间，我又成功地增项了补贴费用最高的水利专业，成了我们科室里年纪最小但是证书最多的人。

再后来，靠着这些证书的补贴和加成，我在本职工作外，也渐渐地接到了一些兼职。靠着这些钱，我的经济终于有了好转，我开始有了余钱，也终于能够静下心来写作。再后来，我的短篇发表了，我的合集出版了，到现在，我已经渐渐能够接到一些独立的约稿，在写作这条路上走得平稳起来。

04

其实，毕业这些年，我最深刻的一个感受就是，人的潜能真的是无限的，只要你有足够强烈的动机，你就会产生源源不断的动力，这些动力能够让你撑过最开始的煎熬，越过奋斗的艰难，实现人生的突围。

所以，别再说你坚持不下去，也别再说你没有毅力了。这世上每个人都有惊人的潜力，也有毁掉你的惰性。你坚持不下去，不是因为你缺乏毅力，而是因为你缺少一个强大的动机，一个无论如何都要做到的理由。

不要轻易揣测事情的真相

01

几天前，我在刷微博的时候，偶然看到了一张照片。

照片上是一对白发苍苍的夫妇。老大爷拎着行李，一边张望着车水马龙，一边紧紧地牵着老太太的手，带着老太太缓慢地穿过人流，走到对面的街道。

当我刚刚看到这张照片的时候，我的心底真的是很感动的。因为，潜意识里，我一直觉得，在这个物欲横流的社会，能够这样携手到老，相伴白头，真的是这世间最美的童话。可是当我满怀感动，接着看完摄影师写在配图之下，关于这张照片背后的故事后，我才发现，我所有的感动只是基于我想象出来的童话。

原来，那张照片是那对老夫妇的女儿拍的。摄影师说，老大爷和老太太年轻的时候，是父母包办的婚姻。两个人一没有感情基础，二没有深入了解，就这样仅仅凭借着所谓的父母之命媒妁之言，盲婚哑嫁地走到了一起。

婚后，老大爷基本不管事，依旧和婚前一般，只顾和自己的狐朋狗友混在一起，将家里的事情全部丢给了老太太操持。老太太虽然很绝望，但是那个年代，离婚的代价太大，所有的人都在劝她忍耐，于是，她只好一边绝望着，一边强迫自己忍受。

老太太是有些怨恨的，时间久了又无法改变，便也渐渐认下了这倒霉的命运。再后来时光辗转，老太太和老大爷浑浑噩噩地走过了半个世纪，终于到了白头。本以为两人会就这样维持下去，虽然不爱，但至少还能相伴到人生的终点。可惜，天不遂人愿，老太太积劳成疾，突然一病难起了。

按理说，老太太照顾了老大爷大半生，于情于理，此时都该轮到老大爷来照顾老太太了，令人大跌眼镜的是，老大爷却在此时提出了离婚，理由是，他觉得生了病的老太太是个累赘。

这一下，老太太是真的心如死灰了，没有了求生意志的她，病情迅速恶化，最后，还是他们的女儿，也就是拍摄这张照片的摄影师出面，解决了这件事，让老太太重拾了生的希望。

那个摄影师的解决办法也很无奈，她说，那是她第一次对自己的父亲，也就是照片中的老大爷放狠话。她说，如果此时他敢离婚或丢下她的母亲不管，那么，等老大爷生病的时候，她也绝对不会管。这句颇有威胁性的话语终于震慑住了老大爷，一番权衡之后，老大爷才终于不情不愿地担负起照顾老太太的责任。

我还记得，作者写了这样一段话："父亲是悲哀的，因为他这一世从来没有爱过人；而母亲也是悲哀的，因为她这一生，从来没有被人爱过。"

我现在还记得，当时我看着这句话的时候，隔着屏幕也感受到那隐藏在字里行间的无奈和悲哀。也是在那一刻，我突然明白，很多时候，眼中所见真的不一定就是真相。有时候，你以为看到了事情的真相，殊不知，你所看到的，很可能只是冰山一角，而藏在海面之下的那些不为人知的前因后果，则是你再怎么样通过强大的脑补能力，按照自己的经验，也无法想象的。

02

大约半年前，我和几个朋友聚会的时候，偶然从朋友那边，听说了小白和墨子分手的消息。

朋友说，墨子一脚踏两船，在和小白恋爱的同时，利用职务之便，勾搭上了银行行长的女儿，后来东窗事发，墨子便索性破罐破摔，提出了分手。

听到这里，我们一众谴责道："渣男！"

这样的印象在我脑海中持续了大半年，直到后来，因为公司业务的关系，我遇见了墨子，一番闲聊后，我才知道，原来所谓事情的真相和朋友所说的，根本就大相径庭。

墨子说，他和小白之间，根本就没有什么第三者，朋友口中那个所谓银行行长的女儿，其实只是他们项目组的一个同事。

那时候，他们公司正好遇上一个很大的项目，他们项目组的每个人都在为了拿下这个项目没日没夜地加班加点，可是偏偏这个时候，小白的疑心病犯了，不仅一天几十通电话轰炸弄得他神经衰弱，更有好几次直接冲到了他们公司，当着所有人的面和他大吵大闹，有一次甚至还对那个无辜女同事破口大骂，最终，他忍无可忍，才提出了分手。

最后，墨子说："其实，我也不怪小白，如果不是我一门心思扑在工作上而冷落了她，她也不会成天疑神疑鬼的。"

说到这里，墨子仰起头将杯中的酒一饮而尽，半是不甘半是无奈地说道："可是，我能怎么办呢？小白她家境优渥，从小被爸妈捧着长大，她是家里的公主，从来要风得风要雨得雨，而我呢？我出生农村，家里还有个生病了的弟弟，如果我不努力赚钱，我拿什么去给小白幸福，难道我要小白以后跟着我吃苦吗？"

墨子说到这里，我注意到他的眼眶微微有些红了。说实话，我们认识了这么久，这还是我第一次看到这个男孩表现出这样脆弱的一面。

03

那天之后，我再也不会仅仅凭借别人的三言两语，或是自己看到的部分事情，就对一件事情妄加评论。

因为我开始明白，在每件事情的背后都存在着一套逻辑，有因才有果，如果你不知道事情的前因后果，单凭你自己的臆想，那么，你得到的很可能并不是所谓"真相"，甚至可能连"事实"的边儿都够不上。

附录

人生前 26 年的一些感悟

01

这个世界每天都在变，而且变得越来越快，不论是京东推出的无人智慧配送站，还是上海无人银行开业，这些年来，人工智能已经慢慢在渗入我们的生活。可以说，在未来，诸如收银、司机、速记员、会计、服务员这一类的简单、重复、缺乏技术含量的工作，被人工智能所取代已成定局。这些年来，人工智能正在不断地改变我们的生活，在给我们提供便利的同时，也在让大批现有职业消失。

在如今这个时代，不论体制内外，再也不存在所谓永远稳定的生活或者永远稳定的工作，很多所谓的稳定不过是温水煮青蛙。只有保持每天进步，才是真正的稳定。

02

猝死的锅，创业真的不背。真的，别再一说到创业，就马上提起猝死，也别再一说到奋斗，就和我说你不要命了。说实话，严格意义上来讲，创业和猝死之间真的没有什么必然联系。真正导致猝死的，是酗酒熬夜、长期不锻炼这些不健康的生活习惯，更何况，就算你不创业了，也不见得你就不会去熬夜，也不见得你就能每天十点睡觉六点起床，长期维持一个健康的作息。

毕竟，现在有那么多好玩的手游，那么多等着你翻牌的影视剧，就算不创业，那些每天沉迷手机、日常刷剧到凌晨三四点才睡的年轻人，也是猝死的潜在人群。

03

现代社会生活节奏是真的很快，而生活在这样社会中的人们也是真的很忙。很多时候，你想说的话，真的只在那一瞬间，可是，如果那时候，你的身边没有一个你想倾诉的对象，抑或，没有一个愿意听你倾诉的人，那种寂寞真的是刻骨铭心的。

若是有幸遇到一个愿意随时听你倾诉的人，不论是友人还是爱人，请你一定要好好珍惜，因为这样的人一旦失去，便是终生的遗憾。

04

其实，从某些角度上来说，我很不赞同把稳定的工作和荒废人生画上等号。因为，我的身边就有很多人，他们有着一份稳定的工作，却比大多数人都更加努力，也比大多数人都站得更高。因为，在他们看来，很多时候，稳定的工作只是一种生活的基本保障，让你可以心无旁骛地去追求自己真正想要追求的东西。

真正废掉一个人的并不是什么稳定的工作，而是他缺乏忧患意识的思维。

05

说实话，我一直觉得，你所看过的书籍，并不应该成为你拿来炫耀的谈资。

所谓书籍，只不过是一种帮助你成长，拓宽你的视野，让你提前认识这个世界的一种工具而已，那些你能从书本上看到的道理，有些人在经历了一些挫折、走了一些弯路之后，同样也能够得到，甚至比看书体会得更深。

很多时候，成长其实是殊途同归的。

06

爱情可以幼稚，但是婚姻必须成熟。

因为爱情围绕的，仅仅是两个人，你们想怎样就怎样，没有人会说你们什么，情人眼里出西施，在荷尔蒙这层滤镜的作用下，你怎样幼稚，对方都可以忍受。但是，婚姻不同，婚姻围绕的是两个家庭，当你们牵手走进婚姻的殿堂之后就注定了一生的相守，接下来，你要面对的是柴米油盐酱醋茶的一地鸡毛，里边有太多的酸甜苦辣和经营智慧。

步入婚姻殿堂之前，请先确认自己的心智足够成熟，已然拥有足够的智慧和担当。

07

说实话，我一直很认同“万人撩你，不如一人懂你”这个观点。

因为，我一直觉得，在感情的世界里，关系的深度，本质上取决于理解和懂得的程度。如果不能在本质上被懂得，一切的爱和仰慕都是虚妄，甚至是一种负担。只有彼此真正懂得，才有发自内心的接纳和认同，才能彼此交付灵魂，才有真正的亲密。最好的亲密关系里，你们懂彼此的快乐，也懂彼此的痛苦；可以彼此分享，也可以交换能量。

而想要找到一个懂得自己的人，你必须要先弄懂自己。向内探索，理顺和自己的关系，明白“我是谁”，才能对外征讨，寻觅到彼此懂得的人，彼此链接，建立高质量的亲密关系。

愿我们每个人都能够找到一个懂你的人，陪你过你喜欢的生活。

08

每个人的人生，其实都不仅仅只有一种可能。

你的人生能够有几种可能，究其本质，取决你对自身的探索和你本身的追求。

有些人在二十多岁的时候，就早早地过上了七十岁的生活。他们耽于享乐，端着传说中的“铁饭碗”，画地为牢，那么他们的人生自然就只剩下一种可能。

但是也有些人，他们敢于进取，敢于走出自己的舒适区，敢于不断地去突破自己。这些人哪怕到了七十岁，依然保持着二十多岁的热情。他们不断挖掘自身的潜能，生命便自然多出了许多可能，活出了许多不同的模样。

09

没有人是天生便能够做到长袖善舞的，那些双商特别高的人，他们多多少少都经历了一些磨炼，在那些重大的、高难度的项目中总结经验，最终获得成长，这样的成长不断积累，才有了今天你所看到的八面玲珑。

所以，幼稚不可怕，可怕的是，你永远幼稚；你可以不成熟，但是，你不能永远不成熟。

10

在以实力为尊的时代，只要你有实力，有自己的一技之长，无论你在哪里，都能活下去，而且能够活得很有尊严。甚至，某种程度上来说，你的尊严在很多时候还是靠着你的实力赚来的。

所以，在一无所有的时候，与其害怕别人嘲笑你的不自量力或者你的梦想太过宏大，不如把焦虑和恐惧化作鼓励自己前行的动力，脚踏实地去努力，让自己的实力足够撑起自己的梦想。

这个世界不会嘲笑你的梦想，只会嘲笑你的实力。当你拥有实力，走到一定高度，你会发现，从前那些所谓的担心害怕，可笑之极。

11

很多时候都觉得，二十多岁的年轻人，对一些所谓梦想，看不开点，执着一点，没什么不好的。

毕竟你还年轻，完全有时间、有精力去追求自己想要的东西。更何况，青春不就是用来追梦、用来折腾的吗？若是年纪轻轻就开始过七八十岁的夕阳红生活，那么青春才是真正被狗吃了。

12

讲真，很多时候我觉得，二十多岁的年轻人，不应该去过传说中的佛系人生。因为一没金钱，二没地位的你，真的没有过佛系人生的资本。

很多人错把放纵当潇洒，把颓废当自由，其实，这些说到底，也不过是懒，是怕吃苦，是怕失败。因为得不到，所以干脆就说自己不想要；因为争不过，所以就摆出一副与世无争的模样。给自己编出那么多冠冕堂皇的借口，说到底，只不过是为了隐藏内心深处的不安，用一副主动舍弃的态度，给自己逃避世界找挡箭牌而已。

但是，你得知道，借口说到底真的只是借口，逃避终究解决不了问题。尤其是现在这个日新月异的时代，不努力就会被抛弃，就连慢一点生活，都有可能在下一秒被时代淘汰，到时候，你连佛系的机会都没有，还谈什么佛系人生。

年轻人，在最好的时光里，还是好好去努力，去磨炼自己的一技之长，在这个社会彻底站稳脚跟吧。你得知道，不是大富大贵的人是没有资格说淡泊名利的，等你先去拼到月薪上万、京沪几套房的时候，你再回来看看要不要淡泊名利。

13

为什么我们总说要找一个三观一致的人在一起呢？因为，两个三观不合的人在一起，最终的结局只有两种，要么一方向另一方妥协，委曲求全；要么就是彻底分离。

不论是哪一种，都不能说是一个好的结局，为了避免惨淡的结局，不如从一开始就不要着急，勇敢去找，耐心去等。你得相信，这世上总会有那么一个人，与你三观一致，精神互补，而你们也总有一天能够穿越茫茫人海，于人群之中相遇。

14

有的时候，我真的觉得，退让是一件很可怕的事情，因为有一就有二，有二就有三，你退了一步，就相当于给了别人进一步的理由，也给了自己再退一步的借口，这样恶性循环最终的结果，很可能不是海阔天空，而是退无可退，万劫不复。

15

你可以去寻求别人的帮助，但是你不能去寻求别人的同情，更不能利用别人的同情，将本来属于自己的责任，转嫁给别人。

毕竟，这个社会，每个成年人活得都不容易，别人愿意帮你，那是情分；不帮你，那是本分。每个人活在这个世上，本来就必须承担起一些属于自己的责任，若是连本来属于你自己应该承担的责任，你都要转嫁给别人，那么，我是不是可以不客气地问一句，这世上要你何用?

16

所谓道德，说到底，是用来约束自己的，而不是用来绑架别人的。

17

有些时候，人真的是要学会一个人独处的，尤其是当你烦躁、寂寞和混乱的时候。

因为有些事情，除了你自己，真的没有人能够给你答案。而很多时候，一个人如果不能真正静下心来思考，去倾听自己内心深处的声音，那么很多事情，是永远也想不明白的。

18

我一直觉得，爱情乃至婚姻，真的不是一件必不可少的事情。若有幸遇到，定要好好珍惜；若不幸没有遇到，那也没什么关系。毕竟，人生除了恋爱结婚之外，还有很多事情值得做。

19

成年之后，我越发觉得，一个人想要做成一些事情，必须得有一定资本：只有你有资本，你才能在某些时候硬气得起来；只有你有资本，你才能心平气和地往前走。

20

这世上每个人都会犯错，但是犯错和堕落是两码事，犯错更不能成为堕落的借口。

21

其实，我一直觉得，最好的爱情或者说最好的婚姻，应该是两个人互相宠着、互相依靠、互相扶持。因为只要是人，都是会累的，没道理从头到尾都是一方在付出，而另一方在享受。真正能够走到最后的感情，一定是双方平等的。这份平等不仅体现在物质层面，也体现在精神层面。

22

这世上没有两片一模一样的叶子，没有人生来就是为了跟别人活成一样。或许你未必出类拔萃，但是你肯定与众不同，而这份与众不同，便是你不可以放弃自己的理由。

23

如果不能感同身受，就不要肆意地评判。与其充当别人的世界的配角，不如经营好自己的正常生活，把自己的日子过得有滋有味。真正的幸福，从来不在喧嚣处。